悠《ひさ》仁《ひと》さま

江森敬治
KEIJI EMORI

KODANSHA

はじめに

皇室にはドラマがあふれている

12歳の悠仁さま。お忍びで一般参賀を訪れていた

「誕生日にあたり、大勢の皆さんからこのように祝意を受けることを、まことにうれしく思います」

私が知ったあるエピソード——。それは、2018年12月23日の出来事だった。

その日は、上皇さま（当時は天皇陛下）の85歳の誕生日を祝う一般参賀が皇居で行われていた。上皇さまは力強くこのようにあいさつした。翌2019年4月30日の天皇退位を控えていた。「平成」最後となる天皇誕生日とあって、参賀者は平成最多の8万2850人にのぼった。

宮殿・長和殿《ちょうわでん》のベランダには、上皇ご夫妻や天皇、皇后両陛下（当時は皇太子ご夫妻）、それに、秋篠宮《あきしののみや》ご夫妻と結婚前の小室眞子《こむろまこ》さん、佳子《かこ》さま姉妹が立ち、参賀者からの祝意に応えていた。

「お誕生日、おめでとうございます」

「天皇陛下、ありがとうございました」

誕生日祝いに訪れた人々は、長年にわたって、私たち国民と苦楽をともにしてきた、上皇ご夫妻への感謝と、別れを惜しむ言葉を口にした。

この参賀者の渦の中に、2025年4月から、筑波大学生命環境学群生物学類1年生となる秋篠宮ご夫妻の長男、悠仁《ひさひと》さまの姿があった。

悠仁さまの希望で実現した皇居一般参賀への訪問

当時、悠仁さまは12歳で、お茶の水女子大学附属小学校6年生だった。翌春、お茶の水女子大学附属中学校に進んでいる。

12歳の少年の目に長和殿のベランダに立つ、祖父母や両親、姉たち、そして、叔父や叔母の姿はどのように映ったのだろうか。参賀者たちにもまれながら、人々の熱狂や上皇ご夫妻に寄せる熱い思いをどう理解したのだろう。

天皇と国民との距離の近さや皇室に対する大衆の尊敬、揺るぎない信頼などを、その少年は肌で感じ取ったはずである。悠仁さまの強い希望で実現した皇居での一般参賀訪問だが、彼が両親たちと一緒に長和殿のベランダに立つとき、この体験と記憶は必ず、役に立つはずである。「生きた帝王教育」とは、まさにこのことであろう。こうした機会を迷わずに許すところが秋篠宮さまの真骨頂でもある。

参賀の人波にもみくちゃにされながら、悠仁さまは多くのものをつかみ取ったに違いない。

これからも国民に教えられ、育てられ、悠仁さまはより大きく成長する。

宮邸前、姉弟3人でのローラースケート

忘れられない光景がある。それは、2015年の暮れ、悠仁さまが9歳のときだった。佳子さまの誕生日祝いの記帳をするため、私は12月29日の午後、東京・元赤坂の秋篠宮邸を訪れた。すると玄関前で小さい子どもの声がした。

「え、子ども?」「なんで、子どもがいるのだろう……?」

と、一瞬、私はいぶかしく思い、近づいてみると、声の主は悠仁さまだった。

そのうしろには、姉の眞子さんと佳子さまがいた。もちろん、眞子さんはまだ結婚する前のことだ。玄関前の車寄せは舗装されており、どうやら、3人でローラースケートを楽しんでいたようだ。

ツーリングで着用するような頑丈なヘルメットをかぶり、キャッキャッと大きな声で姉たちとたわむれる姿は、まさしく普通の小学生の男の子であった。

テレビで見る、すこし緊張し、かしこまった様子とはまったく違った。素顔の悠仁さまに

会えて、私はとても幸運だった。

ひと回り以上離れていても、仲のよい姉弟

と同時に、当時24歳と21歳だった2人の姉の、ひと回り以上年の離れた弟への愛情の深さや面倒見のよさにも感心した。眞子さんと佳子さまは、弟と一緒にいて本当にうれしそうだった。

一般的に、二十代の女性が、ひと回り以上年の離れた小学生の弟とローラースケートをして楽しむだろうか。同世代の友達と買い物や食事をしたり、お茶をしながら彼氏の話で盛り上がっているのではなかろうか。

でも、秋篠宮家は違った。姉の眞子さんと佳子さまは弟の悠仁さまの面倒をじつによく見る。そして姉弟はとても仲よしだ。私はそんな仲のよい3人を偶然目《ま》の当たりにできた。何より、そこにはごくありふれた日常があった。

そんな穏やかな光景を目にしていただけに、その後の秋篠宮家の混乱は信じられない思いだった。２０１７年9月には、眞子さんたちの婚約内定についての記者会見があったが、それ以降の波乱に富んだ日々を誰が想像できただろうか――。

9人連続の女子のあとに誕生した親王さま

「皇室は、いろいろありますねえ」

週刊誌やSNSなどで数年にわたり、眞子さんの結婚を懸念する声などが世間にあふれた、あの騒動の頃のことだ。それを心配した親しい皇室関係者が、こうしみじみと私に語ってくれたものだ。

眞子さんが結婚する前のことだ。相手の男性の母親が金銭トラブルをかかえていることが報じられた。そして、眞子さんの父、秋篠宮さまは、

「やはり多くの人がそのことを納得し喜んでくれる状況、そういう状況にならなければ、私たちは、いわゆる婚約に当たる納采《のうさい》の儀というのを行うことはできません」

このように、記者会見で発言した。

「皇室にはドラマがあふれている――」

確かにそうなのかもしれない。この本で紹介する秋篠宮家の長男、悠仁さまは、その誕生からして劇的だった。

皇室の重要事項を定めた法律である「皇室典範」は、「皇位は、皇統に属する男系の男子が、これを継承する」と、定めている。女性皇族は天皇となる資格はない。眞子さんのように結

婚と同時に皇籍を離脱し、一般人となってしまう。

実際、1965年11月30日、悠仁さまの父親である秋篠宮さまが生まれて以来、ほぼ41年もの長い間、皇室には男の子が誕生しなかった。

秋篠宮さまの妹、黒田清子《くろださやこ》さんが1969年4月18日に生まれてから、三笠宮寛仁《みかさのみやともひと》ご夫妻の2人の娘、彬子《あきこ》さまと瑶子《ようこ》さま、さらに、寛仁さまの弟、高円宮憲仁《たかまどのみやのりひと》ご夫妻の三姉妹、承子《つぐこ》さま、典子《のりこ》さん、絢子《あやこ》さんが誕生……。

1990年6月29日、秋篠宮さまと紀子さまが結婚し、翌1991年、長女の眞子さん、1994年には妹の佳子さまが誕生した。

そして、2001年12月1日、天皇陛下と皇后雅子《まさこ》さまとの間に待望の長女、敬宮愛子《としのみやあいこ》さまが生まれたが、ここまでじつに9人も連続して女性ばかりが生まれていた。

結婚問題など「新たなドラマ」が始まる

「9人連続で女性ばかり……」

という現実は、皇室にとっては存続の危機だった。

いわば、大相撲でいうところの「徳俵に足がかかった」状態だ。

そこまで皇位継承問題は、追い込まれていたことになる。悠仁さまの誕生は、それを粘って、逆転勝ちをおさめたようなものではなかろうか。仮に10人目が、女の子であっても全然不思議ではなかっただろう。そういう意味では、愛子さまの次に生まれた悠仁さまは、まさに強運の持ち主であるといえる。

女子の誕生ばかりが続く皇室の実情を踏まえ、当時の政府（2005年、小泉純一郎内閣）は、女性・女系天皇を認めようとした矢先だった。だが、この動きも悠仁さまが生まれたことでストップした。

悠仁さまは、天皇陛下と、その弟である秋篠宮さまの次の世代における、ただひとりの皇位継承者ということになる。

18歳のひとりの成年が、「世界最古の王朝」といわれる日本皇室の将来を担うことになるが、その行く末は決して平坦ではない。

たとえば、大学に進学したあとも、数年後には結婚問題が控えている。結婚相手を決めることとイコール〝未来の皇后さま探し〟でもあり、それに、大事なお世継ぎの問題など高いハードルが次々待ち構えている。当然のこととして、皇室には新しいドラマが始まる予感がする。

悠仁さまの素顔を、独自取材とご家族の肉声から追う

2024年9月6日、悠仁さまは18歳の成年を迎えた。2025年9月6日には荘厳な成

年の儀式などが予定されている。今回、そんな悠仁さまの18年の歩みを、私の独自取材と、秋篠宮ご夫妻、上皇ご夫妻らの肉声や記者会見などのご発言に基づいて紹介した。

悠仁さまの素顔を知る上で、一番、身近な存在であるご家族たちの証言こそ、より確かなものはないであろう。

私たち国民と皇室との親愛関係がより深まり、健全な皇室世論の形成に、少しでも拙著が寄与することができれば、この上ない喜びである。

江森《えもり》　敬治《けいじ》

悠仁さま

目次

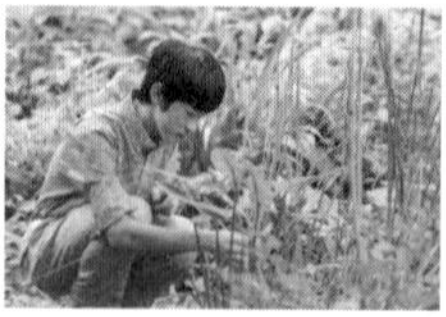

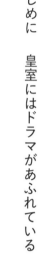

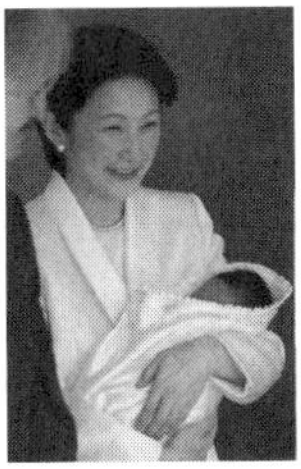

第2章 41年ぶりの男子誕生
相談していた？「男の子のつくり方」

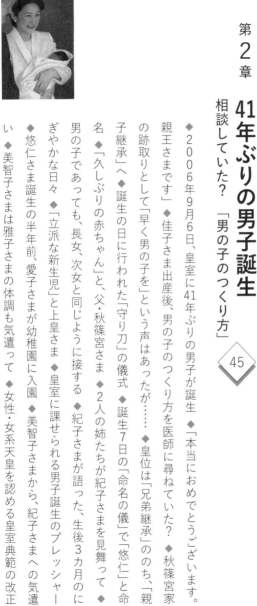

第3章 小さな探検家・ゆうちゃん

家族の肉声でたどる末っ子殿下の小さい頃

第4章

3年保育の幼稚園選び

両親が共感した日本最古の幼稚園の「教育の姿勢」

◆3年保育を強く希望し、お茶の水女子大学附属幼稚園へ ◆悠仁さまの入園、姉たちの大学、高校入学という春 ◆園庭での虫探し、砂場遊び、室内での電車ごっこ ◆12年通ったお茶の水附属生活の意義 ◆小学校では「昆虫博士」として活躍 ◆悠仁さまが「18分の12」を過ごしたお茶の水附属 ◆明治9年開園の日本最古の幼稚園 ◆3歳児は男児10人、女児10人でクラス編成 ◆園の教育の姿勢に、ご夫妻は共感 ◆「日本の幼児教育の祖」、倉橋惣三 ◆自ら育つものを育たせようとする心 ◆「驚きから出発して、成功の果実を得る」悠仁さま ◆上皇さまとともに山登り ◆上皇さまに教わった虫を見つけられる場所 ◆東日本大震災当日の秋篠宮ご一家 ◆震災後のご夫妻が述べていた「皇室観」 ◆5歳の「ゆうちゃん」。姉たちは「ゆっぴー」と ◆悠仁さまも父ゆずりで大きな動物が好き ◆超大型犬を飼いたい父と息子 ◆震災で延期した成長を願う二つの儀式 ◆紀子さまが語った「年中組さん」ぶり ◆眞子さんが小さい頃に読んでいた同じ本を読む ◆取材メモに残る悠仁さまへの「教育」 ◆「一緒に暮らす親の姿を見て、自然に学ぶ」 ◆悠仁さまをあまり叱らない父・秋篠宮さま ◆年長組に。「息子の3年間に感謝」と目を細め ◆息子の頭やほっぺたをなでるのが

第5章 「お茶小」での6年間

自由でのびのび。寒い季節も半ソデ、半ズボン姿で

水田作り ◆さまざまな可能性が育っていくように願い ◆国内のいろいろな文化にふれる機会を ◆小5の夏、紀子さまと一緒に小笠原諸島へ ◆小5で、トンボの種類の記録を始めた悠仁さま ◆海外に行き、そこから日本を見てほしい ◆小6の悠仁さま。進路のことが話題に ◆上皇ご夫妻が築いた家庭への感謝 ◆広島に行きたい――との希望から ◆悠仁さまの存在が、家庭に安らぎとうるおいを

第6章

青春ど真ん中

中学では卓球部、高校ではバドミントン部、そしてトンボ類への強い関心

◆「平成」から「令和」へ。お茶中に進学 ◆充実した中学校生活を送りたい ◆中1の夏、初めての海外はブータン ◆少しばかり大人びた雰囲気になったな ◆コロナ禍の「立皇嗣の礼」 ◆オンラインで授業と公務に臨み ◆父と子の「時差と経度」の話 ◆お茶中3年。最終学年となり高校受験へ ◆筑波大学附属高校合格。提携校進学制度を利用 ◆高校合格の喜びの一方、旅行作文が問題に ◆卓球部でも活躍したお茶中での3年間 ◆卒業文集に記した『開・啓・拓の思い出』 ◆進学した高校は、お茶中のほぼ向かい ◆高校ではバドミントン部に ◆「日本の文化と歴史を知ってほしい」と父 ◆文化祭で合唱した『君の名は。』の劇中歌 ◆一

第１章

理系成年皇族の誕生

筑波大学へ進学。「昆虫博士」への道

2025年春4月、筑波大学へ入学

2024年12月11日、宮内庁は、筑波大学附属高等学校3年の悠仁さまが、筑波大学生命環境学群生物学類の推薦入試（学校推薦型選抜）に合格したと発表した。戦後生まれの皇族が国立大学に進学するのは初めてのことだ。2025年春からは、大学生としての第一歩を踏み出す。

宮内庁によると、悠仁さまは「自然誌」を学べる大学を目指して、勉強に励んできた。2023年6月、筑波大学附属高等学校の行事で茨城県つくば市の筑波大学を見学した。実験施設や演習施設が充実し、豊かな自然環境にも恵まれていることなどから、受験意志を固めたらしい。

そして、11月28〜29日の両日、推薦入試が行われ、悠仁さまはほかの受験生たちとともに、英語と生物の小論文、それに面接を受けた。

国民は、吉報にとても喜んだ。側近職員によると、合格の知らせに、悠仁さまと両親たちは安堵《あんど》したという。

そして、悠仁さまが受験する仲間を気遣うなど、彼の胸の内が垣間見られるメッセージを、宮内庁は大学入試合格と同じタイミングで発表した。

「なお、悠仁親王殿下は、多くの受験生が受験に向けて懸命な努力を続けている今の時期に、ご自身が特定の大学を受験されたことやその合否について発表することは控えたいとのお気持ちをお持ちでした。しかしながら、……（中略）多くの問い合わせがあり、皇嗣職大夫《こうししょくだいぶ》の判断で、本日発表することといたしました。そのようなことを考慮いただきたく、よろしくお願いいたします」

ちなみに、同じ筑波大学の附属高等学校在学生だからといって、学校推薦型選抜試験への優遇措置などはもちろんないと聞く。

思えば、小学生の頃より「昆虫博士」と友人たちに呼ばれていた。

筑波大学では、思う存分、自分の好きな分野の研究を深めてもらいたい。

２０２４年、成年皇族となった悠仁さま

２０２４年９月６日、秋篠宮ご夫妻の長男、悠仁さまが18歳となり、成年の誕生日を迎えた。

民法の改正で成年年齢が18歳に引き下げられたため、筑波大学附属高等学校３年生の悠仁さまも、この日、成年皇族の仲間入りを果たした。

悠仁さまは、１９６５年11月30日、父である秋篠宮さまが生まれて以来、ほぼ41年ぶりに

皇室に誕生した男性皇族である。

将来、天皇となる皇位継承順位は、第1位の秋篠宮さまに次ぐ第2位で、天皇陛下や秋篠宮さまの次の世代の皇室を担う大きな役目がある。

それだけに、生まれたときから国民の期待はとても大きかった。

悠仁さまが成年を迎えた2024年9月6日付の産経新聞の社説である「主張」は次のように書き、祝福している。

《連綿と続く日本の皇室の未来を照らす慶事である、国民挙《こぞ》って寿《ことほ》ぎ、成長された悠仁親王殿下にお祝いを申し上げたい。……(中略)平成31年にはお茶の水女子大附属小学校を、令和4年には同附属中学校を卒業し、筑波大附属高校に進学された。幼少の頃から自然や生物に高い関心を持ち、昨年には外部の研究者と共同でトンボに関する学術論文も発表されている。日本の別名に秋津洲《あきつしま》(秋津島)がある。「あきつ」はトンボの古名で、日本は多くのトンボが舞い飛ぶ国である。将来皇室を継ぎ、日本国と日本国民統合の象徴となる親王殿下が、トンボに関心を寄せられたことにめでたさを感じる。……(中略)「成年式」は高校ご卒業後の来春以降となる。さまざまな行事で凜々《りり》しいお姿を拝するのを楽しみに待ちたい》

社説が書くように悠仁さまの責任は重いものがある。

高校3年生といえば、大学受験の真っただ中にあった。世間では、「東京大学進学説」がしきりに取り沙汰されるなど、当時、悠仁さまの進路が大いに注目されていた。秋篠宮ご一家の公的な活動などを補佐する宮内庁皇嗣職は、２０２４年３月29日、悠仁さまの進学問題などについて次のように発表していた。

「親王殿下は、お小さい頃からご両親殿下とともにお出かけになり、それぞれの土地の自然や文化、歴史を学ぶ機会を持ってこられました。その中でも、ご自身が非常に関心をお持ちのものの一つが自然誌で、昆虫などやそれらの生息環境の観察や調査をされたり、書物を調べられたり、専門家の話を聞かれたりしながら、フィールドワークを行ってこられました。このような過程において、ご自身が探求されたいことをさらに学び、幅広い視野を身につけることを目指し、ご関心のある分野を学ぶことができる大学への入学を目標に、熱心に勉学に励まれているようにお見受けいたします」

要点は、「関心のある分野」を学ぶことができる「大学への入学」を目標に、勉学に励んでいる……ということだったが、それが、筑波大学生命環境学群生物学類への進学だったわけである。

悠仁さまの誕生日に記帳のため、宮邸に向かう

悠仁さまが成年を迎えた当日、２０２４年９月６日午前、私は悠仁さまの成年の誕生日を

祝い、記帳をするため、東京・元赤坂の秋篠宮邸へと向かう道を急いでいた。東京メトロ永田町駅で降り、弁慶堀近くの地下鉄出口から地上に出た。

この日は、とても暑い日で、赤坂見附交差点の電光掲示板は「32度」を表示していた。日差しはきつく、湿度も高い。道行く会社員らしき男性や若い女性、主婦たちは日陰を選んで信号待ちをしていたほどである。スーツ姿の私は、通称青山通り（国道246号線の一部）に沿って携帯用雨傘で日光を避け、小さいタオルで汗をぬぐいながら、ゆるい坂道を登って歩いた。

秋篠宮邸に通じる巽門《たつみもん》には6、7人の皇宮護衛官がいた。私が名前を告げると、年配の護衛官が「どうぞ」と、通してくれた。安心していると次に、若い護衛官から「記帳ですよね」と、念を押された。警備は常に厳重だ。ただ、一歩、中に足を踏み入れると赤坂御用地は都心とは思えないほど樹木が生い茂り、強い日差しも遮られて、ほっとする。

秋篠宮邸前には男性職員が2人、待機していた。玄関ホールには5、6人の職員が記帳客に応対していた。2人連れであろうか、男性が記帳しているのを、もうひとりの男性が終えるのを待っているように見えた。成年の誕生日とあって、いつもの誕生日に比べ、訪問者は多いようだ。顔見知りの職員に誘導され、私は筆に墨をたっぷりとつけ、祝意を込めて名前を記した。記帳を終え、職員たちにあいさつをして、秋篠宮邸をあとにした。門から外に出ると、やはり日差しはきつかった。

秋篠宮さまと私の初めての出会い

私は、毎年のように秋篠宮ご一家の誕生日に宮邸での記帳を続けている。あるご縁がきっかけで、個人的なお付き合いを続けてきたからだ。

私の妻は大学を卒業後、学習院大学経済学部で副手をしており、教授たちの資料整理などの手伝いをしていた。とくに、紀子《きこ》さまの父であった川嶋辰彦名誉教授（故人）の手伝いをよくしていたようで、自然と、当時まだ高校生だった紀子さまと顔見知りとなった。そんな関係で、私たち夫婦は、紀子さまを通じて秋篠宮さまと知り合うようになったのだ。

私たち夫婦が初めて、秋篠宮さまに会ったのは、１９９１年2月初旬、京都でのことだった。前年の１９９０年6月29日、秋篠宮さまは、国民の熱烈な祝福の中で紀子さまと結婚した。このとき、秋篠宮さまは24歳、紀子さまは23歳で、とても初々しいロイヤルカップルが誕生した。

秋篠宮さまと最初に会った当時、私は京都市の中心部にある新聞社の京都支局に勤務していた。冬の古都は寒かった。新婚の秋篠宮ご夫妻が、京都にやって来るというので、私と妻は、宿泊先の老舗旅館を訪ねた。

当時、私が記したメモをひもといてみたい。それによると、2人は友人たちとのプライベートな旅行を楽しむために、京都を訪れていた。私的旅行とはいえ、秋篠宮ご夫妻は天皇陵も参拝した日程だったが、ご夫妻と私たち4人は、午後5時半頃から約1時間、懇談した。秋篠宮さまはグレーのダブルのスーツにえんじのネクタイ姿。紀子さまは濃紺のスーツで左胸にブローチが飾られていた、と記してある。私は、宮さまに結婚後の生活についていくつか話しかけた。

私の問いかけに秋篠宮さまは、「結婚して変わったことですか？　一番、変わったことは酒量がだいぶ減ったことですかね」などと答えた。

そんな様子の秋篠宮さまに、紀子さまも「お酒とタバコに気をつけてくださいね」と微笑みながら宮さまに話した。宮さまは初対面の私たちに、飾ることなく素直に近況を語ってくれた。

皇族としての自分を冷静に見る秋篠宮さま

秋篠宮さまは現在もスリムだが、当時は、今よりももっとやせた感じだった。右腕に金色のブレスレットをしていた。「やんちゃな次男坊」というイメージが喧伝されていただけに、私は、繊細で物静かな第一印象に驚いた。

と同時に、話しぶりから上皇ご夫妻（当時の天皇、皇后両陛下）や兄や妹、それに自分の置かれた環境に対してよい意味で少し距離をとって見ているのでは、との印象も強くあわせ持った。距離を置くというのは、置かれた立場から逃げているとか、関心を持たないということではない。皇族としての自分を冷静かつ、客観的に見つめている大人びた姿勢を、宮さまは持っていた、ということを意味する。こうしたことを直接、対話をしてみて私は素直に感じたのである。

初対面にもかかわらず、「少し失礼かな……」と思いながらも私は最後に、子どもの予定を尋ねてみた。しかし、やんわりはぐらかされてしまった。秋篠宮さまと会い、ほんわかと温かい心地になった私たちは、老舗旅館をあとにしたのだった。

自分たち一家を「特別な存在」として見せたくない

先ほど、私が初対面の宮さまへの印象として、「皇族としての自分を冷静かつ、客観的に見つめている大人びた姿勢を、宮さまは持っていた」と記したが、もう一つエピソードを加えておこう。２０１０年頃の私のメモがある。結婚して20年がたった頃だが、それは、こんな内容だった。

「20年前、私が宮さまに初めてお目にかかったときに、私が感じた自らの立場や家族に対して常に距離を置いてみる宮さまの冷静さ、沈着な姿勢あるいは、バランス感覚のよさというものは、年を追うごとに洗練されてきている。

宮さまは、私の前では両陛下（当時。現在の上皇ご夫妻）のことを決まって『父』『母』と呼ぶ。皇太子さま（当時。現在の天皇陛下）のことは『兄』で、紀子さまのことは『家内』だ。一般の家庭となんら変わらない……」

こうしたところにも、自分を「特別な存在」として見たくない、あるいは見せたくないと思う宮さまの基本的な考えが垣間見える。たとえば、こんなことがあった。悠仁さまが生まれる前のことだったと思う。再び私のメモの内容を記してみる。

「天皇陛下（当時。現在の上皇さま）が皇太子時代の1977年夏の記者会見で〝皇室の伝統を見ると、『武』ではなく、常に学問でした〟と発言されたことを受け、私が〝やはり皇室は歴代、文化や学問など、文を尊重され、武を遠ざけてこられたのですか〟とうかがった。すると、宮さまは〝さあ、どうでしょうか〟としばし考え始めた。宮さまは〝いちがいにそうは決めつけられないのではないか。もう一度、精査して歴史を見つめる必要があるのではないのか〟と、言いたいのではなかろうか」

当時の私はそんなふうに感じていた。秋篠宮さまは、「父」であり「天皇陛下」の発言でさえも鵜呑みにせずに、もう一度、自分で考えてから結論を導き出そうとしていた。こうした姿勢に、よい意味で私は少なからず驚かされた。

悠仁さまが高校在学中は、成年の儀式より学業優先

話を戻そう。2024年9月6日、悠仁さまは18歳、成年の誕生日を迎えたが、私は、2006年9月6日の熱狂を思い出していた。

前述したように、9人連続して女性ばかりが誕生した皇室にあって、悠仁さまが生まれたことは奇跡的だったのである。長年、待ち望んだ男性皇族の誕生だけに、テレビ局は特別報道番組を放送するなど、世間は大いに盛り上がったものだった。しかし、今回の成年にあたっては、大学の受験勉強が優先となり、成年にともなう儀式・行事などは、悠仁さまの高校卒業後の2025年春以降に行われることとなった。

宮内庁皇嗣職は、2024年3月29日に発表した先の文書（21ページ）の中で、そのあたりの事情などについて次のように説明している。

「男性皇族がご成年を迎えられると、成年式を執り行うのが皇室の慣例になっています。今まで成年式は、多くの場合、成年を迎えられた日に行われてきました。たとえば、礼宮《あやのみや》（現在の秋篠宮皇嗣）殿下が20歳になられたときは、成年式の前には、宮中での重要な儀式に向けた習礼《しゅらい》や記者会見、当日は賢所皇霊殿神殿《かしこどころこうれいでんしんでん》に謁《えっ》するの儀や朝見《ちょうけん》の儀などが行われ、その後

には祝賀行事があり、また、神宮や陵《みささぎ》を参拝されました。これらすべてを行うには多くの時間を要することになります」

とした上で、さらにいくつかの補足説明を加えた。

「今まで成年式を行われた皇族は大学ご在学中でいらっしゃいましたが、親王殿下には、高校3年生として学校生活を送りつつ、進学に向けての勉学に励まれる大切な時期になります。こうしたことから、親王殿下には、高校生活を締めくくる年を有意義に過ごしていただき、その上で、高校ご卒業（令和7年3月）以降の適切な時期に成年式を執り行っていただきたいと考えております」

その適切な時期とはいつ頃なのか。

2025年2月27日、宮内庁の西村泰彦長官は、悠仁さまの成年式について、秋9月6日、悠仁さまの19歳の誕生日に執り行うことを発表した。

成年式は、皇位継承順位第2位の悠仁さまが「成年を迎えたことを内外に発表する」儀式であり、宮内庁は「天皇、皇后両陛下をはじめ、皇室の行事予定や、悠仁さまの大学入学後のご生活を考慮し、秋篠宮さまのお考えも踏まえ、成年からちょうど1年となるこの日に行うことになった」とした。その時期、筑波大学は夏休み期間中でもあり、学業を優先しながら、成年皇族としての行事や活動に臨むことになる。

両親と姉たちへの感謝、18歳の感想

そうした事情から、18歳の誕生日当日は、華やかな動きはさほど見られなかった。けれども、18歳の悠仁さまの胸の内だけはうかがうことができた。成年の誕生日の2日前、9月4日には悠仁さまのご感想が発表されていた。その内容は、次のようなものだった。

「今年の9月6日に18歳の誕生日を迎え、成年になります。幼稚園や小学校、中学校に通っていた日々がついこの間のことのように感じていますが、もう成年なのかと思うと、時が経つのは早いと実感しています。この18年の間、多くの方々が、そのときどきにさまざまな形で心を寄せてくださいました。深く感謝申し上げます。

そして、今まで育ててくれた両親と姉たちにも感謝しています。２０２２年4月から、民法の定める成年年齢が20歳から18歳になったことにより、私も成年になるのは高校在学中になります。今は最終の学年として、進路実現に向けて努めつつ、学校行事を含め、残り少ない高校生活を大切にしたいと思います。今後も一つひとつ経験することを通して学びを深め、さまざまなことを吸収して、成長していきたいと思います」

高校3年生の悠仁さまが自分の頭で考え、自分の力でまとめたような素直で、シンプルな文章にとても好感を持った……と、知人は私にわざわざ感想を伝えてくれた。

男性皇族の伝統儀式「加冠の儀」が行われる

秋篠宮さまが20歳となり成年を迎えたときは、成年式の前に記者会見が行われている。こうした慣例などから、悠仁さまの初めての記者会見は２０２５年の3月に行われた。

また、秋篠宮さまの成年式当日は「賢所皇霊殿神殿に謁するの儀」や、晴れて昭和天皇にあいさつする「朝見の儀」などが行われた。その後、祝賀行事や三重県伊勢市にある神宮などの参拝もあり、厳粛で華やかなものだった。悠仁さまの成年式は秋篠宮さまのときを参考にしながら催されることになるだろう。

１９８５年11月30日に行われた、秋篠宮さま（当時は礼宮文仁《ふみひと》さま）の成年式の様子をその折の報道などから振り返ってみよう。

当日午前8時13分、学習院大学法学部政治学科2年在学中の秋篠宮さまは、両親の上皇ご夫妻（当時は皇太子ご夫妻）と兄、天皇陛下（当時は浩宮徳仁《ひろのみやなるひと》さま）に見送られ、自宅である東京・元赤坂の東宮御所を出て、東京・目白の学習院大学に向かった。大学生なので、儀式直前まで学業が優先されたようだ。

大学から東宮御所に戻り、午前11時半、当時の東宮御所の「日月の間」で「冠を賜うの儀」が行われた。昭和天皇から贈られた成年を象徴する冠を、勅使である侍従が、「このたびは、陛下から冠を賜りました」と差し出すと、モーニング姿の秋篠宮さまが「誠にありがとうございます」と応じて、受け取った。この後、秋篠宮さまは車で皇居へと向かった。

男性皇族の成年式は、奈良時代（710〜784年）から続く伝統のあるもので、明治時代（1868〜1912年）に現在の様式に整えられたとされている。成年式のハイライトである「加冠《かかん》の儀」は午後1時から、皇居・宮殿の「春秋の間」で行われた。当時の天皇であった昭和天皇や式の主催者である皇太子ご夫妻（当時。現在の上皇ご夫妻）、それに、兄の浩宮徳仁さまら皇族方、そして、中曽根康弘首相（当時）などが見守った。

秋篠宮さまは、裾の長さが6メートルを超える、未成年者用の伝統的な装束「闕腋袍《けってきのほう》」を着て、手には笏《しゃく》を持ち、頭には未成年の黒絹の額当て「空頂黒幘《くうちょうこくさく》」という装いだった。秋篠宮さまの頭から、加冠役の侍従次長が黒絹の額当てを外し、成年用の燕尾纓《えんびのえい》が付いた冠をかぶせた。続いて、背後から東宮侍従が、冠に掛緒《かけお》をかけてあごで結び、緒の両端を和ばさみで「パチン、パチン」と切り落とした。静寂に包まれていた「春秋の間」に和ばさみの音だけが鋭く響き渡った。成年用の冠姿の秋篠宮さまは昭和天皇の前に進み、「本日の成年式にあたり、冠を賜り、誠にありがとうございました」と、丁重にお礼の言葉を述べ、式は20分ほどで終了した。

この後、成年用の伝統装束を身にまとった秋篠宮さまは、二頭立ての儀装馬車に乗って皇居・宮殿から約1キロメートル離れた宮中三殿へと向かい、成年皇族として初めて賢所などを参拝した。

午後3時半から、正殿「松の間」で「朝見の儀」が行われた。燕尾服に着替えた秋篠宮さまが昭和天皇の前まで進み、「成年皇族としての務めを自覚し、勉学にいそしみご恩にお報い申し上げたく存じます」と、謝恩の辞を読み上げた。

昭和天皇は「ますます身を鍛え心をみがき、皇族の本分を尽くすことを希望します」と、励ました。「朝見の儀」に続き、昭和天皇は秋篠宮さまに「大勲位菊花大綬章」を親授した。

12月1日、秋篠宮さまは三重県伊勢市にある神宮を参拝し、成年皇族となったことを報告した。悠仁さまの成年式もまた、このような内容になるのだろう。

儀式の前には肉声記者会見が行われて

また、成年皇族となった20歳の誕生日前日の11月29日、東宮御所で、秋篠宮さまの初めてとなる記者会見が行われた。記者会見録『新天皇家の自画像』（文春文庫）をもとに、秋篠宮さまが初めて臨んだ記者会見の主なやりとりを再現してみたい。

記者「皇室のあり方、とくに国民との関係についてどうお考えですか」

秋篠宮さま「陛下（当時の昭和天皇）はよく国民とともにある皇室といっておられます。私の両親（上皇ご夫妻）も同じようなことをいっています。私もそれにならい、国民と皇室の関係が親密になるよう希望しています」

記者「将来はどういうことをしたいとお考えですか」

秋篠宮さま「卒業後については、自然史関係に興味があります。とくに魚類に興味がありますので、そちらの方でお役に立つことがあれば……（中略）魚類に興味を持ったのは父の影響が強いと思います」

記者「魚類ではとくにどんなものを」

秋篠宮さま「どれかに限って、というわけではありませんが、ナマズ目《もく》に興味があります」

記者「浩宮さま（現在の天皇陛下）から成年式のアドバイスはありましたか」

秋篠宮さま「たとえば、加冠のときに何かいわなくてはいけないのですが、私は声が大きくないので、〝できるだけはっきり言いなさい〟とか。今、何をいうか一生懸命考えています」

「オジンくさい」といわれていた20歳の秋篠宮さま

記者「好きな音楽、ミュージシャンは。好きなタレントまたは俳優は」

秋篠宮さま「ビートルズはずいぶん小さい頃から聞いていましたし、江利チエミはパティ・ページの持ち歌を歌っていましたね。ダイナ・ショアも好きです。最近では浅川マキ。俳優ではチャップリンは見てて面白いですね。たとえば〝街の灯〟とか〝ゴールドラッシュ（『黄金狂時代』〟のこと）とか」

記者「懐かしい名前が出ましたが。友人から〝オジンくさい〟と、いわれませんか」

秋篠宮さま「しょっちゅういわれます（笑い）。何も新しくなければいけないとは思いません。時代に限らず、いいと思うものは好きになるんです」

記者「ご結婚は何歳ぐらいでしたいですか。好きな女性のタイプは」

秋篠宮さま「結婚はあまり遅くならない方がいいと考えています。30歳よりかは前にしたいですね。タイプですか。具体的にでしょうか。なかなか難しいんですね。身近にもいいと思う人はいますし」

記者「具体的には」

秋篠宮さま「たとえば、テレビに出ている新珠三千代さんとか。最近の若い人はあんまりよく知らないので……」

時代を反映してか、記者たちも好きな女性のタイプなど、かなり突っ込んで聞いているのが興味深い。それに対して、秋篠宮さまも素直に答えるところなど、なんとも微笑ましく感じられる。また、「何も新しくなければいけないとは思いません。時代に限らず、いいと思うものは好きになるんです」という答えも殿下らしい。人は人、自分は自分であり、自分の好きなものを追い求めていく姿勢が、昔も今も変わらないのではなかろうか。

2025年3月3日、悠仁さまの成年の記者会見が行われたが、おそらく、事前に秋篠宮さまは悠仁さまに対して、成年式に臨む心構えや記者会見の受け答え方などを丁寧に教えたに違いない。初めての記者会見で、成年を迎えた悠仁さまは落ち着いていて堂々とした受け答えだった。両親はもちろんのこと、多くの国民も満足しただろう。

筑波大学附属高校での3年間

悠仁さまの成年に際して、宮内庁皇嗣職は2024年9月6日、悠仁さまの筑波大学附属高等学校入学後の様子などについて次のように発表した。

「同校にご入学以来、新しい環境のもとで新たなご友人たちとの出会いがあり、そのご友人たちとともに学びを深められながら、文化祭などの学校行事をつくり上げたり、部活動で汗を流したりと、さまざまな経験をされ、充実した高校生活を送られています」

悠仁さまは、2023年11月、高校2年の修学旅行で沖縄県を訪問しているが、このときは、沖縄県平和祈念資料館や糸数《いとかず》アブチラガマなどを見て回っている。さらに、世界遺産の今帰仁《なきじん》城跡、名勝地の万座毛《まんざもう》などを見学した。離島で、民泊を体験し、ボートダイブによるスノーケリングを楽しみながら彩り豊かなサンゴや多くの魚の姿を目の当たりにした。

また、学習面で悠仁さまは、各教科で積極的に学ぶ姿勢があり、実際、グループワークで積極的に意見を交わして考えを深められているという。総合的な探究の時間である「筑波スタディ」では、「トンボの産卵に適した植物」というテーマで課題研究を進め、高校2年の2024年2月にはポスター発表をした。

宮内庁皇嗣職の発表した文書では、学校以外の公的な活動についてもふれていた。

2024年2月、秋篠宮さまと一緒に、「全国学校・園庭ビオトープコンクール2023」発表大会に出席した。

昆虫や鳥、魚などが生息するビオトープという場で、自然との共存について考える取り組みを進めている学校や幼稚園などの発表を聞いた。

さらに、同年4月の春休み期間中、悠仁さまは家族と一緒に、ボーイスカウト日本連盟に加盟するローバースカウト（18歳以上25歳以下の青年を対象）から、「令和６年能登半島地震」の被災地での支援活動状況についての説明を受けた。ローバースカウトたちが、被災者に寄り添いながらさまざまな活動に携わったことや、どのような思いで被災地の支援に取り組んでいるのかなどについても詳しく話を聞いたらしい。

高校時代は、両親とともに公的活動に参加

２０２４年４月、悠仁さまは、秋篠宮さまと一緒に東京都町田市にある玉川大学を訪問した。この大学が進めている閉鎖環境におけるアワビの養殖やミツバチに関する研究施設などを見学し、学園の敷地内にあるビオトープの取り組みを視察した。悠仁さまは、小さい頃から自然誌の分野について関心を持ち、研究を続けているので、熱心に質問していた。

6月、来日中のルクセンブルクのギヨーム皇太子が秋篠宮邸を訪問した。ギヨーム皇太子と一緒に悠仁さまも加わり、家族で夕食を楽しみ、懇談した。

7月から8月にかけて、両親と一緒に悠仁さまは、岐阜県で開かれた「第48回全国高等学校総合文化祭」総合開会式に出席した。パレードや美術・工芸部門、花いけバトル部門、郷土研究部門を見学し、同年代の高校生たちとの交流を深めた。高校時代の３年間、毎年、こ

の全国高等学校総合文化祭に出かけている。

8月は、京都市で開催された「第27回国際昆虫学会議（ＩＣＥ）」に参加した。同会議の事務局であるＩＣＥ２０２４組織委員会から、昆虫類に関心を持つ悠仁さまは招待され、秋篠宮ご夫妻が出席した開会式を客席で見学した。この後、ご夫妻とともに組織委員らと懇談し、ポスター発表を見学している。

紀子さまが見た18年間の悠仁さま

悠仁さまが成年となった5日後の２０２４年9月11日、母親の紀子さまは58歳の誕生日を迎えた。毎年の誕生日にあわせて宮内記者会から質問が出されている。それに対して紀子さまは真摯に文書で回答しているが、この年の内容は、母親から見た「わが子の成長記録」とも呼べる貴重な内容のものだった。

「長男の悠仁が誕生してから18年という年月が経ったことを感慨深く思っております。

長男が誕生したとき、お印（身の回りの品につける徽章《きしょう》）にちなんで親しい人たちからお祝いに贈られた高野槇《こうやまき》が、ずいぶんと大きく成長しました。その近くには池があり、周辺には水草が繁り、鳥のさえずりや虫の鳴く声が聞こえます。

小さかった頃、クヌギやコナラの林でカブトムシを探し、その幼虫を育て、烏山椒《からすざんしょう》の葉につくアゲハチョウの幼虫を見つけては観察していました。また、にぎやかに鳴くセミ、飛び跳ねるバッタを追いかけるなど、さまざまな虫に関心を持つようになりました」

「いつしか、自分の指よりも大きいトンボを手にとり、間近で複眼、翅《はね》や肢《あし》の特徴や、放したトンボの飛び方を観察して〝これはなんだろう〟〝なぜだろう〟〝どうしてだろう〟と昆虫の図鑑で調べるようになりました。長男が幼稚園や小学校低学年のとき、水分補給係とトンボ見つけ隊の一人として、リュックサックを背負って一緒に野山の水辺のある場所へよく出かけた夏の日を懐かしく思い出します」

このように、紀子さまは綴っている。

トンボの羽化から産卵までを根気強く追う悠仁さま

そのうちに、悠仁さまは山や川に出かけ、多様な自然環境に棲《す》むトンボの羽化から産卵行動までの生活史を観察・記録するようになった。紀子さまの回想はこう続いていた。

「あるとき、ヤゴの夜間の行動を、ビデオカメラで記録しようとしていましたが、ヤゴが移動したために思いどおりに映像を撮ることができず、試行錯誤を繰り返しながら根気強く記録を続けて、ついに撮影ができたことも心に残っています」

それほどまでに悠仁さまのトンボ類への関心は深まっていた。悠仁さまが10歳のとき、私は、秋篠宮さまと次のようなやりとりをしている。私の当時の取材メモから紹介したい。

「どうして、悠仁さまは虫がお好きなのでしょうか？」

私が、このように尋ねたところ、秋篠宮さまからは、

「なぜ、好きなのか理由はわかりません。子どもは昆虫が好きでしょう」

との答えが返ってきた。じつは、秋篠宮さまも小さい頃、昆虫が大好きだった。上皇ご一家は、皇太子時代に赤坂御用地にあった東宮御所で暮らしていた。御用地の林に、上皇さまが考案した手製の虫とり装置を置いていた。それは、誘蛾灯に集まってきた虫が、その下にあるじょうご状の管を通って虫カゴの中に集まる仕組みだった。

夏の日の朝、宮さまは妹の黒田清子さん（当時は紀宮《のりのみや》さま）を連れて、採集した昆虫を見に行くのが楽しみだったそうだ。2人は、一緒に御用地で虫とりに出かけた。しかし、昆虫をとり損なった清子さんをしばしば宮さまが叱るので、清子さんは宮さまとの昆虫採集は、「とても怖かった」と、あとあとまで話していたという。

トンボへの強い関心。虫については10歳で父を超えた悠仁さま

私の取材メモによると、悠仁さまは、昆虫の中でもトンボとチョウが好きらしい。

「でも今、一番、関心のあるのはトンボでしょうね」

と、父親は話した。悠仁さまは、御用地内の水田にメダカやヤゴを放し、トンボなどの好む生息空間（ビオトープ）を作っている。紀子さまも次のように話している。２０１５年11月19日、秋篠宮さまが50歳を迎える折の記者会見でのひとこまだ。

「長男は、以前からの興味がさらに広がり、また新たな興味も加わってきました。田んぼの生き物などにも興味を持つようになり……（中略）今まで興味を持っていました昆虫の採集や飼育をするだけではなく……（中略）生き物が暮らす環境にも関心を向けています。たとえば、トンボやホタルなどが棲みやすい場所、好む環境をつくりたいと、自分の家の庭や御用地内を歩いて植生などを確かめ、また小川のところでは、水の流れを止めないように枯れ葉や小さな枝を取り除いています」

このように、悠仁さまのトンボと、その暮らす環境への関心ぶりを紹介している。

もう一度、取材メモに戻る。「ところで、皇居や赤坂御用地にはどのような種類のトンボが生息しているのでしょうか？」と、門外漢の私は素直に疑問を投げかけてみた。しかし、秋篠宮さまは、困惑しながら次のように答えている。

「息子に何度か説明を受けましたが、私自身、よくトンボの区別がつきません。魚類だったらある程度、理解できるのですが、虫はね。正直、私はよくわかりません」

このように、あっさりと白旗をあげた。昆虫の知識については、悠仁さまは10歳で、父親を超えたらしい。

「あっ!」という気持ちから始まった探求と創造

今一度、2024年9月11日に公表された紀子さま58歳の誕生日文書に戻ろう。悠仁さまが、中学校1年生の3学期頃からはCOVID-19(新型コロナウイルスの英文略名、筆者注)の感染が広がり、その影響で、しばらくは離れた場所でのトンボの調査がしにくくなった。その一方、赤坂御用地内の池の周辺を歩き、じっくりと観察し、調査に時間をかけることができたという。トンボ類の生息環境について専門家にも意見を聞くことが増え、赤坂御用地内の希少な植物に目を向けるようになった。

悠仁さまは、幼少の頃から、虫探しや木登り、木の実・木の葉拾い、野菜作りなど、1年を通して屋外で過ごすことが多かった。小学生になると、ものを作ることへの興味も増し、色紙で立体的な生き物や花を折ったり、大きくコピーした御用地内の地図の上に拾った木の実を置いて、種類と場所がわかる「どんぐりマップ(どんぐりさがし)」を作った。さらに、LEDでなく電球の古いタイプの信号機を、実際に見に行って模型を作り、昔の道具についても図鑑で調べて粘土などで小さな道具を作るなど、工作に夢中になっていた時期もあった。

宮内庁職員組合の文化祭に出した作品「昔の暮らし」は、秋篠宮家の家族5人で古民家の家屋と、畳や襖《ふすま》、囲炉裏《いろり》などの内装、鍋釜や桶などの道具類、庭の井戸や畑の作物、鶏小屋まで、それぞれが担当して協力して取り組んだ模型だということも、紀子さまは誕生日文書の中で明かしている。

「暮らしの中で出会ったことや昆虫などを観察していたときの〝あっ！〟と思う気持ちから始まり、それが探究や創造へとつながっていく体験のひとコマひとコマが、いまの本人の成長へとつながり、支えているのだとつくづく感じています。宮邸の水田の稲穂が色づいてきました。空を飛ぶ秋津（トンボの古名）を見かけることが多いこの時期に、今まで長男の成長を見守ってきてくださった方々に感謝の気持ちを抱きつつ、改めて私たち家族が長男とすごした時間にしみじみと思いをいたしております」

紀子さまの質問への回答はこのように結ばれていた。さらに、先ほども紹介したように、「庭に植えた高野槇が、今は10メートルを越える高木に育ちました」とのメッセージとともに、文書回答には、成長した高野槇の写真が添付されていた。この高野槇は悠仁さまが身の回りの品につける「お印」としての樹木でもある。そんなエピソードは、第2章でも紹介したい。

自らの務めについて考え……努力していきたい

2024年9月6日、18歳の成年となった悠仁さまはこの日夕方、皇居を訪れ、天皇、皇后両陛下にあいさつした。両陛下の長女、愛子さまも同席し、歓談した。こののち、悠仁さまは赤坂御用地の仙洞御所《せんとうごしょ》を訪問し、上皇ご夫妻にもあいさつした。夜には秋篠宮邸で側近の職員代表らからお祝いのあいさつを受けた。悠仁さまは、

「自らの務めについて考え、成年の皇族としての役割を果たせるよう努力していきたいと思っています」

と、述べたという。

第２章

41年ぶりの男子誕生

相談していた？　「男の子のつくり方」

2006年9月6日、皇室に41年ぶりの男子が誕生

「ごくろうさんでした――」「帰ってまいりました……」

その日午前、手術室で無事に出産を終え、病室に戻った紀子さまを秋篠宮さまは温かく迎えた。笑顔で答えた紀子さまの言葉にようやく訪れた、深い安堵感が感じられた――。

2006年9月6日午前8時27分、秋篠宮ご夫妻に男の子が生まれた。身長48・8センチメートル、体重2558グラムの親王さまだった。皇室にとっては1965年11月30日、秋篠宮さまが生まれて以来、じつに41年ぶりとなる男子の誕生。国民は大きな喜びに満たされた。

現行の皇室典範では、「皇位は、皇統に属する男系の男子が、これを継承する」と定められており、女性皇族は天皇になれず、結婚すると皇室を離れることになる。

こうした男性優位の皇室にあって1969年4月18日、秋篠宮さまの妹である黒田清子さんが誕生してから、2001年12月1日、天皇、皇后両陛下の長女、敬宮愛子さままで、じつに連続して9人の女性皇族が生まれ、皇位を安定的に継承する上で危機的な状況が続いていたことは、すでにふれている。このとき、紀子さまは39歳で、現皇室の最高齢出産となった。紀子さまは1966年9月11日生まれなので、5日後に40歳の誕生日を迎えた。皇后雅子さまは、愛子さまが生まれたとき、37歳で8日後に38歳となった。もし、第二子を出産し

ていれば、現皇室の最高齢出産を更新していたかもしれない。

報道によると、東京都港区の愛育病院に入院していた紀子さまは、胎盤の一部が子宮口をふさぐ「部分前置胎盤」だったため、予定日より約20日早い帝王切開での出産となった。

帝王切開手術は、この日午前8時23分に始まり、同9時7分に終了した。予想外の大量出血などもなく、「母子ともに手術後の経過も順調」（医師団）で、手術室を出た紀子さまを秋篠宮さまが優しく出迎えた。それが先ほどのやりとりで、「ごくろうさんでした」と、殿下がねぎらうと、紀子さまは「帰ってまいりました」と、明るく答えたのだった。

「本当におめでとうございます。親王さまです」

９月６日午前、執刀した主治医の中林正雄・愛育病院院長と宮内庁の金沢一郎・皇室医務主管がそろって記者会見し、出産前後の親子３人の様子などを説明した。主なやりとりは次のようなものだった。

記者「お子さまと紀子さまの状態は」

中林院長「大変お元気でいらっしゃる。妃殿下には手術終了時に〝これで手術は無事に終わりました。（気分は）いかがですか。おめでとうございます〟と申し上げたところ、〝大変ありがとうございました。気分も良好です〟と話されていた。順調に回復過程にある」

記者「出産後の秋篠宮さま、紀子さまの詳しいご様子を」

金沢皇室医務主管「〝本当におめでとうございました。親王さまです〟と申し上げても殿下は非常に淡々と、〝ありがとう〟と話されていた。平静心を失われない方だと驚いた。手術室から出て来られる妃殿下を殿下が迎えに行かれた。〝ごくろうさんでした〟という問いかけに、妃殿下は〝帰ってまいりました〟と、話されていた」

日頃から、冷静沈着な殿下の素顔を知る者のひとりとして、「平静心を失われない方だ」という金沢医師の指摘に、「さもありなん」と、思わず納得した。

記者「秋篠宮さまがお子さまに会われたときの様子は？」

金沢皇室医務主管「保育器に入った新宮さまと対面し、非常にものめずらしそうに見ていらっしゃった。お子さまは〝おぎゃあ〟と、おっしゃいました」

この言葉にも私は納得した。「非常にものめずらしそうに見ていらっしゃった……」というときの殿下の表情が思い浮かんできて、なんとも微笑ましい。

記者「秋篠宮ご夫妻は事前に性別などの情報をお持ちだったのか？」

中林院長「性別や障害などの情報は、両殿下ともお知りになりたくない、という話だったので超音波の医師にも伝え、医師団の誰も正確な情報を持っていなかった」

金沢皇室医務主管「両殿下とも単に知りたくないということでなく、どんな状態の子どもであっても、自分たちの子どもだから受け入れたいんだというお気持ちが非常に強い。今までもそうだったし、今回もそうだった。非常に感銘深かったので、お伝えしたい」

佳子さま出産後、男の子のつくり方を医師に尋ねていた？

また、次のようなやりとりがあった。

記者から「ご懐妊がわかる前に、紀子さまからご相談があったのか」と、尋ねられた中林院長は、「定期健診で年に2回ほど病院のほうに来ていただいていた。お子さまがご希望であれば、いつでもお産みになる時期としてはよろしい、と話していたが、直接的にお子さまがすぐほしいという話はなかった」と話した上で、こんなエピソードも紹介していた。

「佳子さまの出産後、〝先生、男の子はどうやってつくったらいいんでしょう〟と、冗談も話されていた」と——。中林院長は3人の息子さんを持つ父親でもあったからだろう。

しかし、9月15日、紀子さまが悠仁さまと一緒に愛育病院を退院した際に、中林院長はコメントを発表し、記者会見の中で紀子さまが、「男の子はどうやってつくったらいいんでしょう」と、冗談で話したというエピソードを訂正した。

「あいまいな記憶に基づく発言を取り消し、ご迷惑をおかけした皆さまにお詫び申し上げます」と、中林院長はこう述べた。こうしたやりとりの中にも天皇、皇后両陛下への配慮が感じ取れる。

秋篠宮家の跡取りとして「早く男の子を」という声はあったが……

こうした「男の子への願望」について、悠仁さまが誕生し3年ほどたった頃、私が当時感じていたことがメモとして残っていた。その取材メモをそのまま記してみる。

「もし、秋篠宮さまの立場に立って考えることが許されるならば、結婚後、大きな〝誤算〟があったことは否めない。仮に、皇太子ご夫妻（現在の天皇、皇后両陛下）に続けて子どもが生まれていたら、皇位継承者である男子も当然、早く誕生したであろうし、マスコミの目も国民の関心も自然と、子育てに追われる幸せな兄、皇太子さまとその家族へと集中する。

皇太子ご一家が注目されるその陰で、秋篠宮家の跡取りとしての男の子の誕生も当然、あったただろう。じつは、結婚当初から、秋篠宮さまの周囲では〝早く男の子を〟という声があり、私の耳にも届いていた。しかし、それはあくまでも『秋篠宮家の跡取り』としての男の子であって、皇位を受け継ぐという、そんな大それた考えで発言されたものでは毛頭なかった」

「私は、秋篠宮さまの一貫した姿勢や発言の裏に、宮さまの〝次男としての厳しい自覚〟を感じている。殿下は結婚によって自由な立場を得て、公的な活動だけではなく、好きな研究や勉強なども追究したいと願っていた。

その理由は、皇位継承云々という問題は、天皇家においては元来、長男の担当、領域であって、次男が口を出すべきものではない。こうした厳格な自覚を、弟である秋篠宮さまは強く持っている。一見、自由奔放そうに見えながらも、殿下は『次男としての分』、あるいは『限界』と言っていいのかもしれないが、そうした自分の分限をわきまえて育った。そして、こうした天皇家の鉄則を頑なまでに守り通してきたのである」

重ねて書くが、これはあくまで私の感想である。しかし、その一方で、持ち前のバランス感覚のよさと冷静さで皇室全体を見渡しながら、これまで何度かあった「皇室の危機」を一番、敏感に感じ取ったのも秋篠宮さまではなかったか。

上皇ご夫妻との親密さを保ちながらも、天皇ご一家との交流も深め、「皇室の危機」を救うために、〝今、自分が何をやらねばならないのか〟を、秋篠宮さまはより強く感じ取って、行動してきたのだと思う。

皇位は「兄弟継承」ののち、「親子継承」へ

悠仁さま誕生を受けて、２００６年9月6日午前、秋篠宮さまは、「国際顕微鏡学会議」

出席のため、札幌に滞在していた上皇ご夫妻（当時は天皇、皇后両陛下）に電話で連絡した。上皇ご夫妻は「秋篠宮より、無事出産の報《しら》せを受け、母子ともに元気であることを知り、安堵しました」などとする文書を発表した。また、この日午前、秋篠宮さまは兄、天皇陛下（当時は皇太子さま）にも電話で男子誕生を連絡した。陛下は「ご無事のご出産おめでとう。両殿下も親王殿下もお身体をお大切に」などとの言葉を伝えたという。

小泉純一郎首相はこの日午前、「よかったね」と首相官邸で記者団に述べ、昼の政府・与党連絡会議では「皇居にお祝いの記帳に行った。晴れやかだね。国民とともに心からお祝い申し上げたい。健やかに成長されることをお祈りします」と、語った。長年、待ちに待った男性皇族の誕生で、各界各層からの反響は大きく、国民の喜びはひとしおだった。

悠仁さまは、天皇陛下や秋篠宮さまの次世代の皇室を担う唯一の皇位継承者である。

119代光格《こうかく》天皇（在位1779～1817年）から、120代仁孝《にんこう》天皇（在位1817～1846年）、そして、次の孝明《こうめい》天皇（在位1846～1866年）、明治天皇、大正天皇、昭和天皇、そして、125代の上皇さまから今の126代天皇陛下まで、天皇の位である皇位は親子間で受け継がれてきた。

しかし、今の陛下の次、皇位は弟の秋篠宮さまに移り、その後は秋篠宮さまの子孫に継承されていくことになる。これまで8代、200年以上にわたって続いてきた親子継承が途絶え、兄から弟への兄弟継承が行われる。こうした、この国の一つの節目を、今、生きている多くの日本人は経験することになる。歴史の中でも、決して小さな出来事とはいえまい。

皇室経済法によって、悠仁さまにも国から年度ごとに1年間の生活費である「皇族費」が支出されている。2006年度の皇族費は定額3050万円で、秋篠宮さまは全額を受け取っていた。紀子さまは定額の5割、未成年の佳子さまが1割を受領し、悠仁さまも定額の1割を、9月分から追加で支給された。しかし、2019年、平成から令和の時代となり、秋篠宮さまは皇位継承順位第1位の皇嗣となった。そのため、皇族費は大きく増額された。

令和6年度（2024年度）、皇族費は定額3050万円だったが、秋篠宮さまは定額の3倍の9150万円を受け取る。紀子さまは定額3050万円の5割、佳子さまは成年なので定額の3割。成年を迎える前までの悠仁さまは定額の1割だったが、成年となった以降は定額の3割を受け取ることになった。額にすると、年に915万円となる。

誕生の日に行われた「守り刀」の儀式

話を戻そう。悠仁さまが生まれた2006年9月6日、午後1時半から、子どもの健やかな成長を願う「賜剣《しけん》」が行われた。上皇さま（当時は天皇陛下）の使者である侍従が、東京・元赤坂の秋篠宮邸を訪れ、上皇さまが贈った刃渡り約26センチメートルの「守り刀」を職員に手渡した。その後、「守り刀」は愛育病院に運ばれ、悠仁さまの枕元に置かれた。また、午後3時過ぎ、秋篠宮さまは長女、眞子さんと次女、佳子さまを連れて車で病院に到着した。夏休みの明けた眞子さんと佳子さまは学校の始業式に出席していたため、この日午後になって、悠仁さまと初めて対面した。

さらに、9月10日午後、上皇ご夫妻は、愛育病院に入院中の紀子さまを見舞い、悠仁さまと初対面した。秋篠宮さまと佳子さまたちが、紀子さまの病室で出迎えた。病院をあとにする際、上皇ご夫妻は報道陣から「おめでとうございます。ご様子はいかがですか」と、声をかけられた。上皇さまは、「元気です。どうもありがとう」と、笑顔で答えていた。

誕生7日の「命名の儀」で「悠仁」と命名

9月11日、紀子さまは40歳の誕生日を愛育病院で迎えた。病院の栄養士たちが、紀子さまの誕生日と悠仁さま誕生を祝うバースデーケーキを腕によりをかけて作り、紀子さまは中林院長らと一緒に病室で満足そうにこれを食べた。紀子さまは「こういうことも一生に一度しかないでしょうから、大変記念になると思います」と、とても感慨深げな様子だった。

この日夕方、オランダでの静養を終えたばかりの天皇ご一家が病院を訪問した。天皇陛下は、皇后さまと長女、愛子さまと一緒に紀子さまを見舞い、悠仁さまと初めて顔を合わせている。病院に入る際、報道陣の前で愛子さまは、恥ずかしそうに父親の背後に隠れるような仕草を見せたのが印象深い。

9月12日午後、「命名の儀」が愛育病院で行われ、新宮さまは「悠仁（ひさひと）」と名付けられた。宮内庁によると、「悠」には「長い、ゆったりとした」という意味があり、「ゆったりとした気持ちで、長く、久しく人生を歩んでいくことを願って」命名されたという。身の回りの品につける「お印」は「高野槙」に決まった。高野槙は、幹が直立する日本固有の常緑高木で、「大きく、まっすぐに育ってほしい」という両親の熱い願いが込められている。

誕生を祝って、秋篠宮邸の庭に、その高野槙が植えられた。この樹木は、悠仁さまが成年を迎えた２０２４年9月6日頃には、10メートルを超える高さにまで成長したことが、紀子さまの誕生日文書（２０２４年9月11日）の中で紹介されている。成年となった悠仁さまは、両親の思いどおり、「大きく」、そして、「まっすぐ」に育ってきた。

「命名の儀」は午後3時35分から行われ、秋篠宮さまが記した名前とお印を夫妻で確認して白木の桐箱におさめ、悠仁さまの枕元に置いて終了した。

9月15日昼、紀子さまと悠仁さまは、秋篠宮さまに付き添われて愛育病院を退院した。悠仁さまは白いおくるみに包まれて眠り、迎えの車のチャイルドシートに寝かされて東京・元赤坂の秋篠宮邸に到着した。病院から秋篠宮邸までの沿道には秋篠宮ご一家を祝福し、愛らしい悠仁さまをひと目見ようとする大勢の人たちが詰めかけた。

「久しぶりの赤ちゃん」と、父・秋篠宮さま

2006年11月24日、41歳の誕生日を前に、秋篠宮さまが記者会見した。このとき、悠仁さまが生まれてから2カ月半が過ぎていた。記者たちは改めて、出産前後の気持ちやエピソードなどを尋ねた。秋篠宮ご夫妻にとっては3人目の子どもということもあり、夫妻ともに落ち着いた様子でのやりとりが続いた。記者の質問から紹介しよう。

「12年ぶりとなったご出産は、部分前置胎盤のために帝王切開となるなど、大変なご心配、ご苦労があったことと思います。悠仁さまが無事誕生された際、どのようなことを思われたのか、またご懐妊を知られたときや前置胎盤であるとお知りになったときのお気持ち、ご入院中に天皇、皇后両陛下や眞子さま、佳子さまがお見舞いに来られた際のことなど、ご出産にまつわるご感想を、エピソードを交えてお聞かせください。また出産を終えられた今、4人目のお子さまについて思われることなどを、あわせてお聞かせください」

質問された秋篠宮さまは、次のように答えた。

「９月６日に長男の悠仁が生まれたわけですけれども、まずは無事に生まれてよかったということ、そして、12年ぶりになりますので、私たちにとっては久しぶりの赤ちゃんというわけですけども、その意味で大変新鮮な印象を受けました。部分前置胎盤ということで、比較的早い時期から入院をしたわけですけれども、近年は医療が非常に発達しておりますので、必要以上に心配することはなかったと思います」

続けて、紀子さまはこのように話した。

「……（中略）宮さまも私が入院している間、また入院する前、久しぶりに経験する出産、そして、それに加えて前置胎盤であること、そのような中で不安を持っている私を冷静にまた優しく支えてくださり、必要な医学的な事柄をわかりやすく話してくださり、大変うれしゅうございました」

２人の姉たちが紀子さまを見舞って

そして、紀子さまは、眞子さんや佳子さまが学校の夏休みだったこともあって、秋篠宮さまと一緒に、あるいは、各自がそれぞれ都合のよい時間によく見舞いに来てくれたことを明かしている。眞子さんは学習院女子中等科３年生だった２００６年の夏休みに、オーストリアにホームステイをしているが、入院中の母親を見舞いに訪れては、紀子さまが楽しみにしていたオーストリア滞在中の話をいきいきと話してくれたり、音楽会のパンフレットを見せたり、あるいは、オーストリアで買い求めた音楽のCDを一緒に聴いたりして、なごやかな時間を過ごした。

また、佳子さまは、ほぼ毎日見舞いに訪れ、母親の傍らで学校の夏休みの宿題をしたり、留守中の家の様子や、フィギュアスケートの練習について楽しそうに話をしたことも、紀子さまは紹介している。

秋篠宮さまは、とくに、佳子さまの母親思いの様子にふれてこのように話した。

「子どもたちの中でもとくに下の、もう今は下とは言っていけないのですかね（一同笑）。次女の佳子にとっては、母親と長く一緒にいられる時間がとてもうれしかったみたいですね。ですから、足しげく通って、病院で宿題をしていたんでしょうね」

そして、4人目の子どもに対しての質問については、「第四子についてですけれども、今は考えておりません」と、答えている。

男の子であっても、長女、次女と同じように接する

次に、記者から「ご一家に新たに加わられた悠仁さまは、両殿下にとって初めての男のお子さまであるとともに、天皇、皇后両陛下（現在の上皇ご夫妻）にとっても、初めての男の

お孫さまであります。初めての経験となる男の子の教育と、男子皇族としての悠仁さまの今後のご成長について思われることを、悠仁さまのご様子とあわせて、お聞かせください」と、尋ねた。これに対して、秋篠宮さまは次のように語っている。

「私たちにとって男の子というのは今まで経験がないことですので、どのような経緯をたどって成長するのかわかりません。ただ、基本的には長女、次女と同じように接するつもりでおります。今の段階で言えますのは、元気に育ってくれることを願っているということです」

そして、最近の悠仁さまの様子については、「よく眠って、よく泣いてよく笑っています」と紹介し、妃殿下のほうを振り向いて「よくお乳も飲んでますね」とも付け足した。

紀子さまが語った、生後３カ月のにぎやかな日々

紀子さまは、夫にうながされて長男の近況などを紹介している。

「悠仁を囲みながら家族でにぎやかに過ごしているとき、10年以上も前、幼い娘たちを夢中になって育てながら仕事をしていた若い頃を思い出します。中学生と小学生になりましても、宮さまと私に多くの楽しみと喜びを与えてくれます。そして今、家族５人の日々が始まっていることに感慨を覚えます」

と、紀子さまはまず語っている。

12月6日で悠仁さまは、生後3カ月になる。眠ることが多かった悠仁さまは、日に日に成長が著しく秋篠宮さまや、2人の姉たちが抱いて話しかけるとそれに応えるように微笑み、かわいい声や元気な声をあげるようになってきた。

また、部屋の様子などをじっと見たり、動くものに強い関心を示し、それを目で追うようにもなってきた。秋篠宮さまが弾くギターの美しい音色を聞きながら、悠仁さまは満ち足りた表情でうとうとすることもある。夕方になり、学校から帰宅した佳子さまたちが弟の様子を見に来て、目を見つめて「かわいい」「かわいい」と、うれしそうに話す。また、姉たちは自分でできる世話をしてくれるので、紀子さまは大変、助かると喜んでいる。

これからの悠仁さまについて紀子さまは、こう締めくくった。

「今は心身ともに健やかに成長していくよう、見守っていきたいと思います。以前にもお話しいたしましたが、小さいときから基本的な生活習慣を学ぶことは非常に大切であると思います。たとえば、あいさつや感謝の心でしょうか。また、両陛下をはじめ、周りの方々のご意見をうかがいながら、必要なことはときを追って私たちもともに学びたいと考えています」

「立派な新生児」と上皇さま

祖父母にあたる上皇ご夫妻（当時の天皇、皇后両陛下）の反応を見てみよう。

男性皇族が41年ぶりに生まれたことで皇位継承の危機的な状況はひとまず回避できたわけで、祖父母として、まずはほっとしたのではなかろうか。２００６年12月20日、73歳の誕生日を迎える前に行われた記者会見で、記者からはこう尋ねられた。

「秋篠宮ご夫妻に、皇室にとって41年ぶりの親王となる悠仁さまが誕生されました。紀子さまのご懐妊を聞かれたときの陛下のお気持ちは、どのようなものだったでしょうか。また出産までの10カ月間、紀子さまをどのような思いで見守られたでしょうか。悠仁さまと初めて対面されましたときのお気持ちや参内された際のご様子、男のお孫さまとしての教育のあり方についても、あわせてお聞かせください」

これに対して上皇さまは、「十分にお答えができないといけないと思いますので、書いてきたものを読みながらお答えしたいと思います」と、話して次のように答えた。

「懐妊の兆候があることは聞いていましたが、安心な状況というばかりの話ではなかったので、検査の結果順調に懐妊しているということを宮殿で侍従長から聞いたときには本当にうれしく感じました。その後、秋篠宮妃には、つわりや大出血の可能性のある前置胎盤の症状が生じましたが、それを乗り越え、無事悠仁を出産することができました。秋篠宮妃には喜びとともに心配や苦労の多い日々であったと思います。予定日より早い帝王切開での出産でしたが、初めて会ったときには立派な新生児だと感じました」

そして最近の悠仁さまの様子について、「目に浮かぶのは、私の近くでじっとこちらを見つめているときの顔です」と、話した。悠仁さまの教育については、秋篠宮ご夫妻や2人の姉たちに、愛情深く育てられていくことが大切だと思いますとの認識を示し、「きっと眞子、佳子が悠仁のよき姉として、両親を助けていくことと思います」と、期待を込めていた。

皇室に課せられる男子誕生のプレッシャー

皇室は、天皇陛下を頂点にした血縁集団である。その中心に天皇ご一家というファミリーがある。昭和天皇の長男である上皇さまと妻、上皇后美智子さまとの間に生まれた長男の天皇陛下とその家族、そして次男の秋篠宮さまとその家族……。この方々が現在の皇室の中心メンバーであり、国民になじみが深く、親しく思われている人たちだ。

天皇、皇后両陛下に2001年12月1日、長女、愛子さまが生まれた。

しかし、約2年後の2003年12月3日、皇后雅子さまは後頭部などに痛みを感じ、帯状疱疹と診断された。翌12月4日夜、宮内庁病院に入院し、長期療養に入った。

2004年7月30日、宮内庁は皇后さまの病名を「適応障害」と発表した。悠仁さまが生まれる直前の2006年8月17日から31日まで、皇后さまの静養を目的に、天皇ご一家でオランダを私的に訪問し、同地に滞在している。

それでは、なぜ、皇后さまが体調を崩したのか？　その大きな原因の一つに、天皇の位を継承できるお世継ぎの男の子を産むという長年のプレッシャーがあったといわれている。すでに皇室典範について説明したように、愛子さまには皇位継承資格がなく、結婚すれば一般国民となってしまう。長男の妻である皇后雅子さまは、結婚以来、ずっと、次の天皇となる男子の誕生を多くの国民たちから待ち望まれ、期待されてきたのである。

こう考えると、なかなか複雑である。次男である秋篠宮ご夫妻に、男子である悠仁さまが生まれたことは国民の一大慶事であった。

しかし、そのことにより、「だったら、皇太子ご夫妻（当時）にも、次は男の子を……」という声が、国民の間で高まったとしても不思議ではない。こうした期待も、皇后雅子さまには逆に大きなプレッシャーとなったのかもしれない。光あるところに影が生じる。悠仁さま誕生という明るい話題の一方で、皇后さまは大きなプレッシャーに直面していた……のかもしれない。私たちは、そのこともしっかりと記憶にとどめておく必要があるだろう。

悠仁さま誕生の半年前、愛子さまが幼稚園に入園

先ほどの２００６年12月に行われた上皇さま73歳の記者会見に戻ろう。愛子さまは、悠仁さまが生まれる約半年前の２００６年４月、学習院幼稚園に入園していた。病気療養中の雅

子さまについて記者から、次のように聞かれている。

「皇太子ご一家はこの夏、雅子さまのご療養を兼ねてオランダを訪問されました。陛下は海外でのご静養についてどのようにお考えでしょうか。また、その後の雅子さまのご回復の様子や、幼稚園生活を始められた愛子さまのご成長など、皇太子ご一家へ寄せられる思いも、あわせてお聞かせください」

これに対し、上皇さまはこのように答えた。

「このたびのオランダでの静養については、医師団がそれを評価しており、皇太子夫妻も喜んでいたので、よかったと思っています。皇太子一家を丁重におもてなしいただいたベアトリックス女王陛下並びにウィレム・アレクサンダー皇太子、同妃両殿下に対し、深く感謝しています」

そして、最近の孫、愛子さまの様子については、12月9日、皇后雅子さまの誕生日の夕食後、愛子さまが上皇后さまや紀子さまと相撲の双六《すごろく》で遊んだが、それが、とても楽しそうでいきいきとしていたことが印象に残っていると、上皇さまは振り返った。しかし、残念なことに、愛子さまは幼稚園生活を始めたばかりで、風邪をひくことが多く、上皇ご夫妻と会う機会が少ないと話している。孫の愛子さまがとてもかわいくて、しばしば会いたいが、なかなかそのチャンスが少ないと嘆く、いかにも祖父らしい素直な感想だと思う。

「いずれは会う機会も増えて、うち解けて話をするようになることを楽しみにしています」と、祖父はあくまでも前向きなのがなんとも微笑ましく感じられる。

また、上皇さまは、皇后雅子さまの健康の速やかな回復も強く望んでいた。「身近に接している皇太子（現在の天皇陛下）の話からよい方向に向かっていると聞き、喜んでいます。健康を第一に考えて生活していくことを願っています」と、話している。

このように、皇室のトップに立つ上皇さま（当時は天皇陛下）は、皇室全体を見渡して発言しなくてはならない。秋篠宮家の喜びをともに喜び、天皇家（当時は皇太子ご一家）の苦労をともに悩み、その苦労を分かち合おうとしていた。

美智子さまから、紀子さまへの気遣い

次に、上皇后美智子さまの反応を見てみたい。２００６年10月20日、上皇后美智子さまは72歳の誕生日を迎えたが、その折に発表した文書に、記者との次のようなやりとりがある。

「秋篠宮ご夫妻に41年ぶりの親王となる悠仁さまが誕生されました。紀子さまにとりましては部分前置胎盤を乗り越え帝王切開による出産となりました。皇后さまは母として、祖母としてどのようなお気持ちでご一家を見守られたのか、具体的なエピソードも交えお聞かせください。悠仁さまのご成長への願いや皇位継承者としての教育のあり方についてもあわせて

お聞かせください」

との記者からの質問に対して、上皇后さまの回答（文書回答）は次のようなものだった。

「懐妊の報せを喜ぶと共に、11年振りに身重となる秋篠宮妃の上を思い、無事の経過を願わずにはいられませんでした。出産までの過程には、部分前置胎盤という予想外の事態もありましたが、関係者の手厚い保護のもと、危険を避けることができたことは幸せなことでした。特に私が初めて子どもを授かった40数年前、前置胎盤は非常に恐れられていた状態でした。当時まだ20代半ばであった私は、お産は太古も今もそう変わるはずはないという思いから、その頃より更に一時代前、母が読んだという、安井修平先生の書かれたお産関係の本1冊を唯一の参考書にしておりましたので、その本で読んだ前置胎盤の怖い記述が思いだされ、大層心配いたしました。現在も危険の可能性こそ変わりませんが、その後の医学の進歩により、安全なお産に導いていただけることを知らされ、安堵いたしました」

また、悠仁さまの成長については、「悠仁はまだ本当に小さいのですから、今はただ、両親や姉たち、周囲の人々の保護と愛情を受け、健やかに日々を送ってほしいと願うばかりです」とし、教育のあり方については、「まず両親の意向を聞き、それを私も大切にしつつ、見守っていきたいと考えています」と、記している。

美智子さまは雅子さまの体調も気遣って

皇后雅子さまの体調についてのこのような質疑もあった。

「皇太子ご一家が雅子さまの療養を兼ねオランダを訪問されました。今回の静養をどのように受け止められましたでしょうか。公務への復帰を目指す雅子さまを見守るお気持ちとともに、愛子さまのご成長ぶりをどのように感じておられるかもお聞かせください」と、記者から聞かれた上皇后さまは、このように綴っている。

「この度のオランダ訪問は、東宮東宮妃共にこれをよしと考え、さらに治療に当たる専門医の薦めがあって実現いたしました。東宮職、本庁の幹部も、皆この計画を真剣にとり進める意向で一致いたしましたので、陛下と私もこれを支持し、一家、わけても東宮妃が、この滞在を元気に過ごすことを念じ、旅立ちを送りました。帰国後、東宮と妃より、感謝の言葉と共に、滞在が素晴らしいものであったことを聞き、また、多くの方が、この旅行後、東宮妃の健康状態に改善が見られるように思う、と語られるのを耳にし、安堵し、嬉しく思いました」

そして、皇后雅子さまの公務復帰については、「専門医の診断を仰ぎながら、妃自身が一番安心できる時を待って行われることが大切だと思います。あせることなく、しかし、その日が必ず来ることに希望をもって、東宮妃も、また東宮も、それまでの日々、自分を大切にして過ごしてほしいと祈っています」と、書いている。

また、愛子さまについては、次のように綴っている。

「背もすくすくと伸び、おさげ髪のよく似合う女の子になりました。……（中略）今年4月、幼稚園の服装で訪ねて来た日には、肩かけカバンや手さげの中から、一つ一つハンカチや出席ノートなど出して見せてくれました。この次に会う時には、きっと運動会や遠足の話をしてくれるでしょう。楽しみにしています」

女性・女系天皇を認める皇室典範の改正も検討されたが……

皇室の重要事項を定めた法律である現行の皇室典範の冒頭、第一章第一条には「皇位は、皇統に属する男系の男子が、これを継承する」と、明記されており、さらに、第九条には「天皇及び皇族は、養子をすることができない」と、定めている。結婚後、一般国民となってしまう女性皇族の誕生ばかりが続くと、養子をとることもできず、皇族は減る一方で、皇室は先細りにならざるを得ない。まさに「皇位継承の危機」に陥ることとなる。

1969年4月18日、天皇陛下と秋篠宮さまの妹、黒田清子さんの誕生から、2001年12月1日、天皇、皇后両陛下の長女、敬宮愛子さまが生まれたが、ここまでじつに9人連続して女性皇族が生まれていたと、すでに何度かふれてきた。

男女の区別なく、子どもの誕生はどの家庭でも大きな喜びである。しかし、前述したように皇室は違う。９人も女子が連続して生まれたことは、皇室の存続の有無につながりかねず、政府はやっと重い腰を上げて、皇室典範改正に向けて本格的に動き出すことになった。

悠仁さまが生まれる前年、２００５年11月24日、皇位継承のあり方を検討してきた小泉純一郎首相（当時）の私的諮問機関「皇室典範に関する有識者会議」は、皇位継承者を「男系男子」に限るとする皇室典範を見直し、女性天皇と母方だけに天皇の血筋を引く女系天皇を容認した。

さらに、皇位継承順位は、男女にかかわらず、天皇の第一子を優先するなどとの報告書をまとめ、小泉首相に提出した。この報告書どおりに皇室典範が改正されていれば、皇位継承者に女性皇族も加わることになる。現時点で検討すると、天皇、皇后両陛下の長女、愛子さまは皇位継承順位第1位となる。秋篠宮さまは第2位で、次女、佳子さまが第3位となるはずであった。現在、皇位継承順位第2位の悠仁さまは、第4位に後退する。いずれにしろ、皇室制度の一大転換である。当時の政府は、この改正案を２００６年3月にも提出し、国会での議論などを経て、成立させる方針だった。

２００５年12月19日、誕生日を前にした記者会見で上皇さまは、記者から「皇室典範に関する有識者会議が、『女性・女系天皇』容認の方針を打ち出しました。実現すれば皇室の伝統の一大転換となります。陛下は、これまで皇室の中で女性が果たしてきた役割を含め、皇室の伝統とその将来についてどのようにお考えになっているかお聞かせください」と、尋ねられたが、次のように皇室典範改正の動きに直接、言及することなかった。

皇室の伝統と将来について上皇さまは……

上皇陛下の発言はこのようなものだった。

「皇室の中で女性が果たしてきた役割については私は有形無形に大きなものがあったのではないかと思いますが、皇室典範との関係で皇室の伝統とその将来についてという質問に関しては、回答を控えようと思います。私の皇室に対する考え方は、天皇及び皇族は、国民と苦楽をともにすることに努め、国民の幸せを願いつつ務めを果たしていくことが、皇室のあり方として望ましいということであり、またこのあり方が皇室の伝統ではないかと考えているということです」

そして、一般論として、女性皇族が果たしてきた優れた役割などについて具体的に説明するにとどめている。

「女性皇族の存在は、実質的な仕事に加え、公的な場においても私的な場においても、その場の空気に優しさと温かさを与え、人々の善意や勇気に働きかけるという、非常によい要素を含んでいると感じています。その意味でも皇太子妃の健康が現在徐々に快方に向かっていることは喜ばしく、一層の回復を待ち望んでいます」

と、ジェンダー平等を持ち出すまでもなく、女性皇族をその能力や資質、可能性などあらゆる点で高く評価しているところが注目される。とくに、病気療養中の皇后雅子さまを心配し励ますため、強いエールを送っている。

紀子さまの第三子懐妊で皇室典範の改正は見送られ……

しかし、このタイミングで「待った」をかけたのが、紀子さまの懐妊だった。２００６年2月、紀子さまが第三子を懐妊したことが判明すると、改正に慎重な意見が増え、政府は通常国会への改正案提出を見送った。そして、同じ年の9月6日、悠仁さまが誕生すると政府は皇室典範改正を断念した。２０２５年を迎え、あれから20年近くとなるが、政府が女性・女系天皇を認めようとする本格的な動きはない。皇室の将来が18歳の成年男子ひとりの肩に、かかろうとしているのか。

第3章

小さな探検家・ゆうちゃん

家族の肉声でたどる
末っ子殿下の小さい頃

ゆうちゃんの「お宮参り」

話を、悠仁さまが生まれたのちの2006年秋に戻そう。

この年の11月14日午前、悠仁さまの「お宮参り」が、皇居内の「賢所仮殿」で行われた。生後50日目以降に行われる「賢所皇霊殿神殿に謁するの儀」という行事で、秋篠宮ご夫妻が見守る中、悠仁さまは宮内庁御用掛の男性に抱かれて参拝した。

この後、親子3人で御所を訪れ、上皇ご夫妻（当時は天皇、皇后両陛下）にあいさつした。宮内庁によると、11月13日現在、悠仁さまは身長58・5センチメートル、体重5244グラムで順調に成育していた。

報道陣から「なんと呼んでいますか」と質問された秋篠宮さまは、「悠仁の悠をそのまま読んで〝ゆうちゃん〟と呼んでいます」と、答えた。

「女性皇族」「男性皇族」に活動の違いはない

悠仁さまが生まれたことの秋篠宮さまの感想などについては、すでに第2章で紹介している。悠仁さま誕生後の2006年11月に行われた秋篠宮さまの誕生日会見で、宮さまは、生まれてくる悠仁さまのために、佳子さまが何か作っていた様子などを披露しながら、紀子さまと次のようなやりとりもしている。

秋篠宮さま「次女の佳子についてはフィギュアスケートを一所懸命する一方で、もともと、あれはなんというのかな。手芸というの？」（と、妃殿下に尋ねて）

紀子さま「はい、手芸」

秋篠宮さま「手芸が好きなんですね。夜とか部屋をのぞいてみると、何を作っているの？」（と、妃殿下に尋ねて）

紀子さま「フェルトでものを作ったり」

秋篠宮さま「何か工作をしているんですけれども、生まれてくる子どものためにも何か一所懸命作っているようでした。それからその次の質問にありました女性皇族の役割についてですけれども、私は私たちと同じで社会の要請を受けてそれがよいものであればその務めを果たしていく。そういうことだと思うんですね。

これにつきましては、私は女性皇族、男性皇族という違いはまったくないと思っております。ですから、女性皇族だから何かという役割というのは、私は少なくとも公的な活動においては思いあたりません」

秋篠宮さまもまた、上皇さまと同じように女性皇族を高く評価している。

佳子さまが新宮さまに作ったフェルトのおもちゃ

関連質問では、佳子さまが生まれてくるお子さまのために「何を作っていらしたのか？具体的には何だったんでしょうか」という質問もあった。

当時、佳子さまは11歳だった。

秋篠宮さまと紀子さまのやりとりはこのように続いた。

秋篠宮さま「何を作ってたんでしょうかね。私も作っているところは見たんだけれども」（と、妃殿下に振り向いて）

紀子さま「そうですね、佳子は、これから先、一緒になって遊べるちょっとしたものを」

秋篠宮さま「おもちゃでしょうか。ちょっとフェルトで作ったり、さわっても大丈夫なものを、ときには眞子も一緒になって作っていました」

秋篠宮さまの誕生日にあわせてご一家5人の写真が公開された（73ページの写真）。ソファーに腰を下ろした両親の真ん中に悠仁さまが座っていて、後列に佳子さまたち姉2人は立っている。父親をじっと見つめる悠仁さまの柔らかな表情がとても印象的だ。

生後4カ月、体重6658グラムでの「お箸初」

明けて2007年1月13日、東京・元赤坂の秋篠宮邸で悠仁さまの「お箸初《はしぞめ》」が行われた。一般のお食い初めにあたる儀式で、子どもの健やかな成長を願い、生後120日目以降に行われる。白木のお盆の上に小豆粥、塩漬けにしたホウボウ科の魚「金頭《かながしら》」などを置き、紀子さまに抱かれた悠仁さまの口に、小豆粥に浸した箸が付けられた。1月12日時点で悠仁さまの身長は64・5センチメートル、体重は6658グラムだった。

2月に入ると秋篠宮ご一家は静養のため、神奈川県葉山町の葉山御用邸に滞在した。2月3日、ご夫妻と悠仁さまは近くにある「葉山しおさい公園」を散策した。紀子さまに抱かれた悠仁さまは、盛んに手足を動かすなど元気な様子で、集まった人たちから「かわいい」「かわいい」などと声が上がった。

生後1年。可能な限り母乳での育児

そして、2007年9月6日、悠仁さまは満1歳の誕生日を迎えた。宮内庁はテーブルにつかまり立ちをする様子や、眞子さんや佳子さまと一緒におもちゃ遊びをする悠仁さまの写真などを公開した。悠仁さまのために、秋篠宮邸の私室棟2階にある8畳ほどの育児室が設けられていたが、活発に動き回るようになったため、庭に鉄筋コンクリート造り2階建ての別棟を増築したという。

1階は姉たちも使う多目的ルームで、2階にカーペットが敷かれた悠仁さまの部屋と看護師らの待機部屋を設けた。

紀子さまは看護師に助けられながら、母乳で悠仁さまを育てた。2007年7月の愛知県と山梨県の公的な活動では、初日の日程を終えると紀子さまはひとりで帰京した。そして、悠仁さまに母乳を与え、翌朝、再び戻り秋篠宮さまに合流し、仕事を続けたという。

夏頃からは離乳食の回数が増えたが、紀子さまは、可能な限り母乳で育てたいという希望だった。

9月6日午前、紀子さまに連れられた悠仁さまは皇居・御所を訪れ、上皇ご夫妻にあいさつした。報道陣からの「おしゃべりはされていますか」という問いかけに、紀子さまは「少しずつ」と答えた。

祖母、美智子さまが見た、愛子さまと悠仁さま

2007年10月20日、上皇后美智子さまは73歳の誕生日を迎えた。宮内記者会から質問に文書で回答し、満1歳となった悠仁さまや、愛子さまら合計4人になる孫についての思いな

どについて次のように綴っている。

「４人の孫がそれぞれ両親の許で、健やかに成長していることを嬉しく思っています。眞子、佳子は今年共に高校、中学に進学し、愛子ももう来年は初等科に上がります。悠仁も元気に成長し、この９月には満１歳になりました。前置胎盤の状態で出産の日を迎える秋篠宮妃を案じつつ、東京からの報せを待った旅先の朝のことが、つい先頃のことのように思い出されます」

「祖母として幼い者と接する喜びには、親として味わったものとも違う特別のものがあること、また、これは親としても経験したことですが、今、また祖母という新しい立場から、幼い者同士が遊んだり世話しあったりする姿を見つめる喜びにも、格別なものがあるということは申せると思います」

さらに、愛子さまは、眞子さんや佳子さまと遊ぶとき大変楽しそうにしていて、眞子さんと佳子さまも愛子さまを大切にしながら、「大人とは異なる、子ども同士でのみ交せる親しさをこめて相手をしています」――とも綴っていた。

悠仁さまに対しても、２人の姉たちがちょうど、小さなおかあさんのように気遣いつつ、「しかも十分に手加減を知った無造作さで、抱いたり着がえさせたりしている」と、紹介した。

また、小さな愛子さまが、自分よりさらに小さい悠仁さまの傍でそっと手にさわっていたりする姿を、「本当に好もしく可愛く思います」と、上皇后美智子さまはそう表現された。

父・秋篠宮さまが語った1歳の悠仁さま

2007年11月22日、秋篠宮さまの42歳の誕生日を前にした記者会見が行われた。満1歳になった悠仁さまについての感想などが尋ねられ、殿下と紀子さまは9月6日に1歳となった悠仁さまの近況などについて、次のようなことを答えている。

秋篠宮さまによると、満1歳の誕生日の頃は、机とか、物につかまって伝い歩きをしているという感じだったが、今は、数歩ぐらい、ひとりで歩くようになった。行動範囲も広くなり、明かりがつくものとか、音が出るものとか、そういうものに興味があるようだという。たとえば、目覚まし時計の、押すと声が出るものとか、玄関のチャイムとかに関心がある。

眞子さんや佳子さまたちにとって悠仁さまは、非常にかわいい存在で、姉たちは悠仁さまをとてもかわいがっていると、悠仁さまが誕生してからの家族の仲睦まじい様子を披露した。

秋篠宮さま「子どもの部屋に、あれはなんて言うんでしょうね、厚紙って言うか、ああいう物を組み立てて作る小さい家があるんですね。それは基本的に無地なんですけれども、そこに上の2人の子どもが家族全員の似顔絵を描いたりとか……」

紀子さま「たとえば花とか」

秋篠宮さま「あ、そうね。そういう絵を描いたりとかして、そこで一緒に遊ぶとか、あとはさっき音が出るものが好きと言いましたけれども、ピアノの鍵盤《けんばん》なんかやはりいじってみたいわけですね。ところが背伸びしてもなかなかまだ届かない。だけど一所懸命たたこうとしていると椅子に座らせてたたかせたりとか、そんな様子でしょうかね」

と、紹介している。

紀子さまによれば「小さな探検家」

紀子さまの話では、悠仁さまは目を輝かせながら周囲を見回して、

「小さな探検家のように関心を抱くものに手を伸ばして、そして確かめようとかわいい指でさわったり、また関心の対象に向かって勢いよく進んで行ったりするなど……（中略）だんだん行動半径が広がってますます目が離せなくなっております。幸い娘たちも大きいものですから、ずいぶんその点では助けてもらうところがございます。

娘たちも学校から帰ってくるのが夕方になりますので、一緒に過ごす時間というのは学校があるときはどうしても夕方以降になりますけれども、そういう時間や休みの日など私たちが一緒になって過ごしている時間を悠仁もとてもうれしいようで、私たちが話しておりますとその話の内容がわかっているのでしょうか、うなずいたり、わかったようなしぐさや表情

を見せたり、また、私たちと一緒に元気な声を出して笑ったりするなど、以前は私たちが語りかけることが多かった中で、今は悠仁から話しかけてくることも増えまして、話の輪に加わるのが楽しいような感じがいたします」

「心を豊かに育み、元気に安心して生活できるように」

紀子さまたちが仕事を終え、悠仁さまのところにかけ寄っていくと、とても喜んでうれしそうに両手を上げて振ったり、自分の気持ちをいろいろな形で表現しているという。秋篠宮さまが「手をたたいたりもしているわね。よくね、拍手する」と、紀子さまに話しかけると紀子さまは、うなずきながら、「拍手」「何回でもしていますね」と、答えた。

悠仁さまは、厚紙で作られた小さい子ども向けの家の中で遊んだり、その中で隠れんぼをしたりしている。積み木を重ねたり崩したりもすると、紀子さまは紹介している。屋外では、悠仁さまを抱き、ベビーカーに乗せて散策を楽しんでいる。以前、悠仁さまはベビーカーに乗ると、揺られて気持ちよくなってすぐ眠ってしまった。しかし、今は目を開けていることも多くなり、通りすぎる風景を楽しんでいるようにも見える。大きい木を見上げたり、下を向いて自分の影を見てみたり、鳥のさえずりに気がついてじっと耳を傾けたりもしているという。紀子さまの話から悠仁さまを中心とした親子5人のとても仲のよい様子が手に取るように伝わってくる。また、悠仁さまの育児の方針について聞かれた両親はこのように答えた。

秋篠宮さま「私としましては、今一番は元気に健やかに育ってくれるということを願っているわけですから、できるだけそのようにできるような環境を整えたいと、そういうふうに思っております」

紀子さま「娘たちのときと同じように、宮さまと相談をしながら、悠仁が心を豊かに育み、元気に安心して生活できるように心がけてまいりたいと思います」

誕生日にあわせて、家族5人が赤坂御用地を散策する写真が公開された。悠仁さまを乗せたベビーカーを佳子さまが押している写真などが含まれていた。

1歳半、活発に動き回る悠仁さま

1歳半となった悠仁さまは順調に成長していた。報道によると、2008年3月28日、秋篠宮ご一家は静養のため栃木県の御料牧場に滞在した。上皇ご夫妻と合流し、三世代で仲よく過ごした。悠仁さまは、紀子さまに手を引かれてよちよち歩いていたという。

当時の写真には紀子さまの手を振りほどき、活発に動き回る悠仁さまの姿が見られる。5月3日、長野県軽井沢町のホテルの敷地内を秋篠宮ご一家で散策した。悠仁さまは大型犬の背中をさわったり、大きな顔をのぞき込んだりしてご機嫌だった。

8月、ご一家で栃木県にある那須御用邸に滞在したがその折、秋篠宮さまがつかまえたトンボを、眞子さんから手渡される2歳直前の悠仁さまの写真を私は見たことがある。成年皇族となっても、トンボに強い関心を持つ悠仁さまの「原点」とも言うべき場面かもしれない。

葉山御用邸で、上皇ご夫妻と過ごした悠仁さま

2008年9月6日、悠仁さまは2歳の誕生日を迎えた。宮内庁によると、身長は87・5センチメートル、体重は11・5キログラムですくすく育っていた。昼寝の時間が少なくなり、両親が飼っている犬や魚へのエサやりなど、屋外で遊ぶ時間が増えているという。

2008年10月20日は上皇后美智子さまの誕生日である。74歳を迎える折、宮内記者会の質問への文書回答の中で、上皇后さまは悠仁さまとのふれ合いの様子などについて次のように綴っている。

9月、葉山御用邸で悠仁さまと数日、一緒に過ごした。その折、上皇さまが、久しぶりに海で和船をこいだ。その船に、悠仁さまも一緒に乗ったという。

「船を海に押し出す時の漁師さんたちのにぎやかなかけ声、初めて乗る船の揺れ等に、驚きながらも快い刺激を受けたのか、御用邸にもどって後、高揚した様子で常にも増して活々と

動いたり、声を出したりしており、その様子が可愛いかったことを思いだします」

その年、秋篠宮さまが43歳の誕生日を迎える折の記者会見が、２００８年11月20日に行われた。その中で秋篠宮ご夫妻は、２歳になった悠仁さまの成長ぶりなどについて次のように紹介している。

「おそらく今日も、天気もよいことですから、今頃もどこかこの付近で遊んでいるのではないかと思われます」

と、切り出した秋篠宮さまによると、最近、声に出す単語の数が増えてきたように感じる。

紀子さまはより具体的に紹介していないが、少しずつ表現が増えてきたらしい。センテンスで話すということではないが、少しずつ表現が増えてきたらしい。


悠仁さまは赤坂御用地の庭で過ごしたり、池まで出かける。先ほどの上皇后さまの話ではないが、葉山御用邸を訪れた際、船に乗り海に出かけるなどして悠仁さまの関心の対象や行動範囲が広がっている。屋外でとても元気に遊び、走り回ることなども話している。

紀子さまも時間があれば一緒に遊んでいるが、紀子さまのほうが疲れてひと休みすることもあるらしい。

2歳。散歩の途中で拾ったドングリや小石を大事に持ち帰る

紀子さまはそんな様子を、このように話していた。

「夏頃からでしょうか、庭にいる小さな虫、バッタやカマキリなどを見つけて上手につかまえて、手で持ったり、またソデにのせたりしてよく観察しておりました。最近は、寒くなりまして虫の姿も少なくなりましたので、虫探しの喜び、楽しみは工夫しないとできなくなりましたが、そういう中でもきれいに色づいている枯れ葉の上をかさかさと音を立てながら進んだり、太陽の光に輝いている蜘蛛の巣をくぐったり、また川のせせらぎの音に耳を澄ましたり、外で歩く楽しみを覚えたようです。また、散歩の途中で拾いました木の実、たとえばドングリや小石を宝物のように大事に持ち続けたり、宮さまや娘たちにも一緒に散歩しておりますとそれを贈り物のように渡してくれたり、また一つずつ地面に並べて、〝ひとつ、ふたつ……〟と数えて過ごしているときもあります」

赤坂御用地の恵まれた環境が、悠仁さまの自然への関心を深めた

2歳の頃の悠仁さまのこのような話を聞くと、住まいのある約51万平方メートルにも及ぶ、赤坂御用地の自然豊かな環境が、悠仁さまの成長に大きな役割を果たしてきたことがわかる。

知らず知らずのうちに虫や樹木、草花とふれ合い、ご両親の期待どおり、悠仁さまは自分の関心を広め、深めてきた。

紀子さまの話に戻したい。家の中での悠仁さまは、秋篠宮さまが弾くギターの音色や佳子さまたちの歌声、童謡のCDなどに合わせて歌うようになった。姉たちと一緒に木琴を鳴らしたり、ピアノの鍵盤をさわることもある。

佳子さまたちが親しんできた動物などの絵本を、悠仁さまと紀子さまが一緒に読むようになったらしい。「家族と一緒に過ごす時間がとてもうれしいようでございます」と、紀子さまは語っている。

その一方で、一部では〝悠仁さまへの帝王学〟などという言葉も聞かれるようになってきたが、「今後の教育方針については、どのようにお考えですか」と、同じ記者会見で記者から尋ねられ2人はこのように答えた。

秋篠宮さま「これからしばらくすれば幼稚園に行って、それから小学校、だんだん上の学校に行くわけですけれども、そのような中できちんとした社会生活をできるようになってくれればと思います。……（中略）それと同時に皇族としての自分の立場もおいおい自覚し、

（自覚を）持ってもらうようになったらと思っております。……（中略）自分が関心のあることなどを深めていってくれればよいなと私は思っております」

紀子さま「悠仁もまだ2歳ですが、年齢に応じて基本的な生活習慣を身につけて、心豊かに育み、健やかに成長できるよう考えております」

3歳の夏も、葉山では上皇さまが櫓をこぐ和船に乗り

2009年は上皇ご夫妻の結婚50年の金婚式、そして、天皇即位20年という節目の年にあたり、皇室は大きな喜びに包まれた。5月2日、静養のため神奈川県葉山町の葉山御用邸に滞在していた秋篠宮ご夫妻と2歳8カ月の悠仁さまは、葉山しおさい公園を散策した。報道では、父親が池のコイにエサをやるのを見て、悠仁さまは自分でもエサを与えた。秋篠宮さまが「これなあに？」と、尋ねると「コイ」と、悠仁さまは返事をしたという。

9月6日、満3歳の誕生日を迎えた。悠仁さまの身長は94センチメートルとなり、1年で6・5センチメートルも伸びた。体重は約2キログラム増えて、13・6キログラムになった。外で三輪車に乗ったり、ボール遊びに夢中になるなど元気いっぱいだという。地図を見て、「そこへ電車で行ってみたい」と話したり、工具や電化製品のスイッチを見て、「これはどうするものですか」と、質問をするようになった。

両親のことを「おとうさま」「おかあさま」と、丁寧な言葉遣いで呼んでいる。おめでたい鶴などの刺繍《ししゅう》が施された黒紅縫《くろくれないぬい》のお祝い着を着た悠仁さまの写真が公開された。このお祝い着は上皇ご夫妻からプレゼントされたものだという。

２００９年９月14日早朝、神奈川県葉山町の葉山御用邸で静養中の上皇ご夫妻は、御用邸裏の海で紀子さまと悠仁さまとともに和船に乗船した。報道では、上皇さまが櫓をこぎ、上皇后さまと悠仁さまを抱いた紀子さまも同乗し、約25分間、数百メートル先の沖合までの船乗りを楽しんだ。上皇さまが初めて和船をこいだのは１９４５年、小学校６年生のときだった。場所は、奥日光の湯ノ湖畔だ。結婚したあとも、葉山や浜名湖で家族と一緒に和船に乗っている。この日の悠仁さまは横縞の入った長袖のポロシャツに薄い茶色のズボン姿。４人は、安全のため黄色のライフジャケットを身につけていた。船を降りたあと、上皇さまは「とても海がよかった」と、笑顔で感想を述べていた。

三輪車に乗り、親たちの散歩について来る悠仁さま

秋篠宮さまが44歳の誕生日を迎える折の２００９年11月25日、恒例の記者会見が行われた。会見でご夫妻はこの年９月で３歳となった悠仁さまの様子を次のように紹介している。

秋篠宮さまによると、この年の春くらいから、三輪車に乗ることが好きになった。殿下た

ちが休日などに赤坂御用地の散歩に出かけるときは、三輪車に乗ってついて来るそうだ。そんな悠仁さまだったが、教育方針について秋篠宮さまは、このように話した。

「これは昨年話したのと同じで、これからだんだんと成長して上の学校へと進んで行くわけですけれども、そういう中できちんとした社会生活ができるようになってくれればよいと思います。……（中略）3人の子どもたち全員に言えることですけれども、自分の今いる立場ということの認識もしていってもらいたいと考えています。それ以外については、やはり自分の関心のあることを今後とも深めていってもらえればよいと考えております」

一方の紀子さまは、

「今日のさわやかな青い空を見上げておりますと、今から約1カ月くらい前でしょうか、久しぶりに家族5人で御用地内を散策したことを思い出します」

このように話しながら紀子さまは悠仁さまの近況などについて語り始めた。天気のよい休みの日の午後のことだった。佳子さまたちが「テニスがしたい」と言って、秋篠宮さまを誘って出かけた。テニスを楽しんだあと、悠仁さまを連れた紀子さまが飲み物を持って合流したという。そして、近くの芝生のある広場で、家族5人で気持ちよく過ごしたという。

そんなほのぼのとした出来事を紹介してくれた。悠仁さまは、この1年、運動量が一段と増えて体力もついてきた。三輪車が大好きで、ずいぶん長い距離を走ることができるようになった。また、見晴らしのよい丘に駆け上がって空に浮かぶ雲や遠くに見える工事中の建物を眺めたりしているそうだ。赤坂御用地内の林の中に入って虫を探し、木の実を拾い、草の実摘みなどして遊んでいる悠仁さまを想像しただけで、こちらもワクワクする。

逆上がりを「もう一回、もう一回」と、ねだる悠仁さま

悠仁さまは、葉山などに出かけると、公園ですべり台やジャングルジムで、地元の子どもたちと一緒に遊ぶこともある。全身を使って楽しめる遊びが好きなようだ。紀子さまが、悠仁さまの両手を取り、悠仁さまが逆上がりをするような形でぐるりと一回転する。紀子さまが軸となって悠仁さまの両手を持ってぐるぐると回る。

「もう一回、もう一回と……」と、このように紀子さまは記者会見で答えながら、少し考えてしまう。すると、秋篠宮さまが「ねだるわけね」と、すかさず助け船を出してくれた。

さらに、紀子さまは話を続けた。消防車やバス、電車などの乗り物。それに、道路標識や地図などにも関心を示すようになった。悠仁さまは、自分の知っている記号や文字があるとうれしそうに紀子さまに教えてくれる。初めて見るものなどに、「これは何ですか」「どうしてこうなるのですか」と質問したりしている。そして、紀子さまはこう話した。

「悠仁も同年代の子どもたちとふれ合う機会が大事であると考えております。以前にもお話

しましたが、生活の中で基本的な習慣を身につけられるよう導きながら、また、いろいろな経験を通して大切なことを学べるよう、そして心身ともに健やかに成長できるよう見守ってまいりたいと思います」

上皇ご夫妻の結婚50年の支え合い方と、2枚のハゼの絵

同じ記者会見では、ご両親の上皇さま、上皇后さまの歩まれてきた歳月についての質問も寄せられた。もちろん、上皇ご夫妻は、当時は、天皇、皇后両陛下だった。

「今年、天皇、皇后両陛下はご結婚50年、天皇陛下はご即位20年を迎えられました。身近なところから両陛下のお暮らしやお務めぶりをご覧になってこられた両殿下は、両陛下がともに歩まれた50年を、また天皇陛下が『象徴』として歩まれてきたこの20年を、どのように感じていらっしゃいますか」と、尋ねられた秋篠宮さまは次のように答えている。

「ひとことで言うと、両陛下がずっと支え合いながら過ごしてこられた50年なのではないかなというふうに思います。その支え合いながらというのは、単にお互い同士だけでなく、身近の社会のことであるとか、それからさらに広く世界のこととか、さまざまな事柄に対して、一緒に関心を持ち、視線を向けてこられた、そういうふうに私は感じております。それとともに、前の時代のことを大切にしつつも、現在、つまり、その時代、そのときそのときの今

を生きている人々にとって、皇室というものがどういう存在であるのかということをずっと考えてこられたのではないかなと思います」

このように語った秋篠宮さまは、上皇ご夫妻の一つのエピソードを紹介してくれた。当時、住まいだった御所の中に2枚の絵が飾ってあった。それはハゼの絵で、上皇后さまが上皇さまのために描いた絵だった。１枚はニシキハゼの絵で、白黒の、鉛筆で描いた細密画だった。もう一つは、ハタタテハゼという、とてもきれいなハゼで、これは色鉛筆で描いた細密画だった。

「陛下が研究されているハゼにまつわる、先ほど支え合いという言葉を使いましたけれども、そういう一つの側面かなと感じます」

と、秋篠宮さまは語った。私が推測するに、こうしたハゼの細密画を描くことで、上皇后さまは上皇さまのハゼの研究をサポートし続けてきたということなのだろう……。また、

「象徴としての20年ということですけれども、私は陛下が即位されてからの20年は、おそらく象徴というのは、一つの形、あるべき姿というよりもむしろ、象徴とはどういうふうにあるのが望ましいかということをずっと考えてこられた20年だったのではないかと思います」

と、話している。それが、２００９年11月の誕生日で44歳となる秋篠宮さまの素直な父親に対する思いだった。

第４章

3年保育の幼稚園選び

両親が共感した日本最古の
幼稚園の「教育の姿勢」

3年保育を強く希望し、お茶の水女子大学附属幼稚園へ

２００９年12月2日、宮内庁は、悠仁さまが２０１０年4月、東京都文京区にあるお茶の水女子大学附属幼稚園に入園すると発表した。

兄の天皇陛下も、秋篠宮さまご自身も学習院幼稚園に進まれただけに、国民からは少なからず、「異例のことでは……」とも受け止められた。しかし、この選択には、はっきりとした理由があった。学習院幼稚園は2年保育の幼稚園だが、お茶の水女子大学附属幼稚園は3年保育であった。秋篠宮ご夫妻は3年保育を強く望んでいた。それと同時に、

「悠仁さまを、早い段階から同年代の子どもたちとふれ合う機会が大事……」

との考えがあったようだ。つまり、秋篠宮ご夫妻は、悠仁さまの養育について、同世代の子どもとの交流を重視して、長期の保育を強く希望していたからだという。

加えて、紀子さまは日本学術振興会の名誉特別研究員で、お茶の水女子大学を拠点に研究していたことから、研究者の子どもを対象とした特別入学制度を活用し、附属幼稚園に応募した。12月2日午後、紀子さまと悠仁さまが同幼稚園を訪れ、行動観察や書類審査などの試験を受け、即日合格が決まった。悠仁さまは卒園までの3年間、同大の附属幼稚園に通った。

悠仁さまの入園、姉たちの大学、高校入学という春

２０１０年4月、悠仁さまは、お茶の水女子大学附属幼稚園の園児として新しい一歩を踏み出すこととなった。

「おはようございます」

紺のブレザーに赤いネクタイ姿、右手に手提《さ》げ袋を下げた悠仁さまは、午前8時45分頃、ご両親と一緒に登園。出迎えた副園長に向かって、こう元気にあいさつした。２０１０年４月9日、秋篠宮ご夫妻と、長男、悠仁さまが東京都文京区にある同附属幼稚園の入園式に出席した。

報道によると、副園長に「ご入園、おめでとうございます」と、声をかけられると、悠仁さまは「ありがとうございます」と、答えた。入園式で、「あきしののみや・ひさひとさん」と呼ばれると、「はい」と、元気に返事をしたという。そして、みんなで童謡の「チューリップ」を歌った。

同じ２０１０年春、秋篠宮家の3人の子どもたちは一つの大きな節目を迎えていた。

長女、眞子さんは学習院女子高等科を卒業して、東京都三鷹市にある国際基督教大学（ＩＣＵ）に入学した。入れ替わるように次女、佳子さまは学習院女子中等科を卒業して、姉が

巣立った学習院女子高等科に内部進学した。

２０１０年11月22日、秋篠宮さまの誕生日を前にした記者会見で記者たちから、お茶の水女子大学附属幼稚園の園児となった悠仁さまの成長ぶりなどを尋ねられ、秋篠宮さまは次のように答えている。

「昨年は確か虫に興味を持って昆虫採集をしているとお話ししたように記憶しておりますけれども、それが現在も持続しています。ちょうど虫の多くなる季節には、ここの（秋篠宮邸の）庭や赤坂御苑の中で虫とりをしたり、また那須の御用邸、……（中略）そのほか、幼稚園の園庭でも虫とりをしているらしいのですが、その興味は本年もそのまま持続しているようです。また、おそらく図鑑などで見るのでしょうけれども、海外にいるめずらしい虫などにも興味があったり、たとえばそのような標本などを見ると、とても喜んでおります。

また、最近では、実というのでしょうか、木になる実など植物になっているもの、また、お芋のようなものにずいぶん興味が出てきたようです。たとえばこの（秋篠宮邸の）中にも柿の木がありますが、そういうものを見ると、採ってみたくなったり、また採ってそれをずっと眺めていたり、そういう光景をよく見かけます。柿の実のほかにも、たとえば生えているムベにも興味がありますし、また、今年は長くなるヘチマを栽培したのですが、それを日を追って、大体は休みのとき、私と一緒に見に行っては長さを測ったりすることを楽しみにしておりました。一番最近では、たぶんヤムを掘ったのだと思いますけれども、ちょうどヘチマの近くに埋まっていたのですが、それも採ってきては大きさを測ったり、重さを量ったりしておりました」

ムベとは、アケビ科ムベ属の常緑低木、別名トキワアケビなどともいわれる。5月頃に花が咲き、その後はアケビに似た実をつける。ヤムはヤマイモ科ヤマイモ属の植物で根茎を食用とするものの総称という。植物好きな様子がうかがえる。

園庭での虫探し、砂場遊び、室内での電車ごっこ

同じ日の記者会見で紀子さまは、次のように話していた。

紀子さま「お友達との遊びを通してだんだん幼稚園にも慣れてきました。今では幼稚園に着くと、雨の日以外は園庭に出て、今は寒くなって虫の動きが鈍くなって数も少なくなっていますけれども、そのような中でお友達と虫探しをしたり、砂場遊びをしたり、雨の日には室内で木製の線路をつなげて、電車ごっこをするなど元気に遊んでいるようです。また、大きい組のお兄さんやお姉さんたちが遊んでいる様子、また、大きい組が蒸しパンなどいろいろな食べ物を作っていまして、その様子を見せていただくなど、園でのさまざまな活動にふれ、親しみながら集団生活を送っております」

悠仁さまは、秋篠宮邸では積極的に野菜作りをしている。小さな畑で、種をまいたり、苗を植えたり、さらに、水をまき、草取りをし、収穫している。ニンジンやブロッコリーを育てている。その野菜が成長する過程や、いつ収穫できるのか、悠仁さまは関心があるという。

家族が集まって食事をしたり、食事のあとに、その日あった出来事などを話すが、悠仁さまも幼稚園での生活や自分がしたこと、うれしかったこと、驚いたこと、不思議に思ったことなどを目を輝かせながら家族に話してくれるのだという。

「外で経験した感動は家に戻ってからも続いているようで、色紙や粘土で野菜の形を作って畑を再現したり……（中略）ヘチマが非常に細長いものですから、それがきっと心に強く残っているようでございまして、それを大きな紙で細長く切りまして、部屋の中にある小さなジャングルジムに紙を付けて飾ったりするなど、創り出す遊び方にも新しい広がりが感じられております。このように、自然や生活へのつきない興味を深めていると強く感じられた1年でございました」

と、紀子さまは、振り返った。

天皇の位である皇位継承順位が現在、父親に次いで第2位である悠仁さまは、生まれたときから多くの国民から期待され、注目されてきた。

いきおい、毎年11月の誕生日に行われる秋篠宮さまの記者会見では、悠仁さまについての質問が、姉たちよりも多く出されていた。両親も悠仁さまの成長ぶりや近況、関心事などについても前述のように、丁寧かつ具体的に国民に向けて答えている。

12年通ったお茶の水附属生活の意義

「秋篠宮悠仁親王殿下のご成人を心よりお祝い申し上げます。このたび、親王殿下が成人の日を迎えられましたこと、お茶の水女子大学並びに付属学校園一同より、厚くお慶《よろこ》び申し上げます。ご家族の皆様におかれましても、さぞお喜びになられていることと存じます。親王殿下は、２０１０年４月に本学付属幼稚園に入園され、２０１３年４月には小学校へご進学、さらに２０１９年４月には中学校にご進学、２０２２年３月にご卒業されました。私ども一同は12年間にわたり親王殿下のご成長をお見守りさせていただきました」

２０２４年９月６日、秋篠宮ご夫妻の長男、悠仁さまは18歳の成年の誕生日を迎え、成人となった。成人を祝って、悠仁さまが幼稚園、小学校、中学校と附属する学校に学んだ、お茶の水女子大学が、理事・副学長の坂元章・附属学校部長名で毎日新聞に寄せたコメントはこのように始まっていた。確かに、18年の人生の中で、12年間、お茶の水女子大学が運営する園や学校に通った意義は小さなものではない。

小学校では「昆虫博士」として活躍

コメントでは、悠仁さまの幼稚園や小、中学校時代を次のように振り返っている。この時代、教科における学習や自主研究、友達や教員との交流、さらに、運動会や体育大会、生徒祭、宿泊行事、遠足や校外学習などの行事、その他の日常的な活動において、さまざまな体験をし、学びを深めてきたという。

幼稚園では、園庭にいる虫を探し、身近な自然に興味を持っていた。疑問があると、図鑑で調べるなどして解明しようとした。小学校の中学年の頃から昆虫に関する豊富な知識を持つようになり、友達からの質問に見事に答え、クラスの「昆虫博士」として大活躍した。図形を描く課題では虫の絵を選び、植物の栽培に関する学習に高い意識を持って取り組んだ。幼少の頃から、自然や生物に対する強い関心は一貫していた。

理科の実験で、正確なデータを得るために試行錯誤を繰り返し、粘り強く取り組むなど、科学に対する真摯な姿勢が感じられた。

中学2年生のとき、研究室訪問では、友達と一緒にお茶の水女子大学理学部を訪問し、専門的な研究内容について熱心に話を聞いた。訪問後、友達と学んだことをポスターにまとめ、大学の先生たちの前で、整理されたわかりやすい発表をしたこともある。

自分で課題を設定し探求していく、小学校での自主学習の時間では、東京の市区町村がどのように変化してきたのかについて継続的に調査した。

中学3年生の校外学習では、心身の障害に関する社会問題の解決に取り組む人たちの話を聞き、その後の討論などを通して、その問題の抱える奥深さなどについて考えた。また、伝統文化や技術の高さについて体験した。

悠仁さまが「18分の12」を過ごしたお茶の水附属

さらに、附属学校部長のコメントは続く。悠仁さまは、日頃の生活や活動では、常に友達と一緒で、互いに助け合い、助言し合い、協力し合って、充実した時間を過ごしてた。小学校では友達といつも楽しそうに運動や遊びをしていた。成長するにしたがい、運動量も増え一緒に遊ぶ仲間も多くなってきた。また、小学校高学年では、低学年の児童の世話をし、優しく接していたのが印象的だったという。自分の考えを持ちながらも、周囲の意見と調整して目的の達成を図ろうとしている様子に、教員たちは、悠仁さまの成長ぶりを感じることもたびたびあったらしい。小、中学校の宿泊学習では、いきいきと活動する姿が印象的だった。家庭から離れ、友達と協力しながら生活する機会となり、自分の身の回りのことをやりながら、教員や友達の手伝いに率先して取り組んだ。また、集団生活でのマナーをとても大事にしていたなどと紹介している。

理事・副学長の坂元章・附属学校部長名のコメントの最後は次のように結ばれていた。

「12年間にわたって親王殿下の成長を見守らせていただき、親王殿下は私どもに多くの思い出を残してくださりました。本学での12年間を含め、これまでご経験されたり学ばれたりしたことが今後において親王殿下の大きな力となることと信じております。……（中略）今後もご健康であられ、ますますご活躍され、輝かしく幸せな日々を過ごされますことを心よりお祈り申し上げます」

悠仁さまの18年の歩みの中で、12年もの長い間、同じ学校の附属幼稚園と学校で学んだことは注目に値する。つまり、「18分の12」――であり、これまでの人生の7割近くも、同じ学校の附属学校などで過ごしたことになる。悠仁さまのこれまでの人格形成やその後の人生の上でも大きな意味を持つのではなかろうか。

明治9年開園の日本最古の幼稚園

入園したお茶の水女子大学附属幼稚園は、日本最古の幼稚園として知られる。現在は東京都文京区大塚2丁目にあり、道路を隔てた向かい側には、やがて高校生活を過ごすことになる筑波大学附属高等学校の敷地が広がる。そんなお茶の水女子大学附属幼稚園の歴史、伝統などをひもときながら、特色ある教育方法などについて紹介してみたい。

文献や、ホームページなどによると、お茶の水女子大学附属幼稚園の主な歴史は、次のようにたどることができる。２０２４年11月現在で、じつに１４８年の歴史を持つ。

１８７６年（明治９年）11月16日、東京女子師範学校附属幼稚園として開園した。今の場所とは異なり、通称、お茶の水と呼ばれた、現在の東京都文京区湯島１丁目だった。その後、１９２３年（大正12年）９月１日　関東大震災で園舎を焼失し、１９３２年（昭和７年）12月に、東京都文京区大塚２丁目の現在の園舎に移転した。そこからの沿革を記してみる。

・１９４５年（昭和20年）３月　戦争が激しくなり閉園。
・１９４５年（昭和20年）11月　終戦後、再開した。
・１９４９年（昭和24年）４月　３年保育を再開した。
・１９８０年（昭和55年）４月　附属学校部ができ、お茶の水女子大学附属幼稚園となり現在に至っている。
・２００４年（平成16年）４月　大学が国立大学法人お茶の水女子大学となる。
・２００６年（平成18年）11月　創立１３０周年記念式典を行う。

附属幼稚園は3歳児、4歳児、5歳児を保育する。その教育の目的と使命は次のようになる。幼児を保育し、心身の発達を助けることを目的とし、「自分のことを大切にする」「周りの人を大切にする」「環境を大切にする」との3つの願いをもって、保育を行うことだという。また、お茶の水女子大学の附属幼稚園としての使命がある。それは、幼児教育の理論と実際に関する研究をする。お茶の水女子大学生にとっての保育、教育の実習と研究の場である。研究や保育の実際を公開して、幼児教育の進歩向上に貢献する、ということである。これらの点が、一般の幼稚園とは異なる附属幼稚園の特色の一つといえるのかもしれない。

3歳児は男児10人、女児10人でクラス編成

具体的に見ていきたい。定員は各年次2組ずつにそれぞれの定員を定めている。3歳児は「森の組」と「川の組」で、それぞれ男児10人、女児10人ずつである。4歳児と5歳児は2クラスの定員がそれぞれ男女ともに5人ずつ増え、男児15人、女児15人ずつとなる。これは、4歳児から2年保育で入園する園児がいるためだ。

保育時間は、お弁当のない日とある日で異なる。お弁当のない日だと、3歳児は朝9時から11時。お弁当のある日は、朝9時から午後1時となっている。5歳児になると、お弁当のない日は、朝9時から11時半まで。お弁当のある日は朝9時から午後1時半までと、保育時

間が長くなる。

悠仁さまが成年を迎えた折の坂元章・附属学校部長の祝福コメントでも、「幼稚園では、園庭にいる虫を探されるなど、身近な自然に興味を持っておられました」――とあった。疑問があると、図鑑で調べるなどして解明しようとしたと、悠仁さまの幼稚園生活の一端が紹介されている。

２０２２年4月13日の「園長挨拶」では同園の保育目的が次のように紹介されている。

「私たちは、幼児期というステージを、人間の一生を基礎づけ、方向づける特別な意義あるものととらえ、子どもたちが心身ともに健康に、社会のかけがえのない一員として成長することを願いつつ、日々の保育に取り組んでいます」

「クラスや学年などの集団のもつ力を大切にしながら、同時に、一人ひとりの子どもの個性とみずから伸びていこうとする力を引き出し、寄り添いながら見守ることが、教師の重要な使命だと考えています。園生活の主人公は子どもたちです。保育時間の大半は、子どもたち一人ひとりがやりたいあそびを選び取り、より楽しくなるよう工夫し、創造することで過ごしていきます」

「芋掘り、春を祝う会、豆まきなど四季の移ろいを感じることのできる行事や、遠足、運動会などの大きな行事も、園生活の自然な流れのなかに組み込まれ、子どもたち自身が楽しみながら進んで取り組めるよう、教師は環境を整えます」

園の教育の姿勢に、ご夫妻は共感

また、「教育の姿勢」では、次のようにふれている。

「幼児期の生活の中心は遊ぶことにあります。遊びを通して、幼児は多くのことを学んでいきます。このような幼児期の特性を踏まえ、本園では、それぞれの幼児がやりたいことを見つけ、その人らしく身の回りのもの、人、環境とかかわって遊ぶことを重視しています」

「幼児一人ひとりの思いに添った生活の自然な流れを大切に考え、個々の子どもの興味や意欲、自ら考え行動しようとする姿勢を育てたいと考えています。また、教師との信頼関係を基盤に、友達との関わりを広げ、安心して気持ちを伝え合いながら、ともに生活する愉《たの》しさや充実感を味わえることを大切にしています」

その考え方や保育方針は、これまでの秋篠宮さまや、紀子さまが折々に語ってきた悠仁さまの成長に寄せる願いそのもののように、私は感じた。だから、3年保育のお茶の水女子大学附属幼稚園を選んだのだろう。眞子さんと佳子さまは2年保育の学習院幼稚園へ進んだが、悠仁さまは異なる道をたどったのは、おそらくは、こんな「教育の姿勢」に両親が、共感を覚えたからではないだろうか。

「日本の幼児教育の祖」、倉橋惣三

２００６年11月20日発行の国立大学法人お茶の水女子大学附属幼稚園創立１３０年記念誌『時の標《しるし》』の冒頭で、お茶の水女子大学の郷通子学長は次のように記している。

《本学の幼児教育の祖、倉橋惣三《くらはしそうぞう》は「幼児園とは幼児が自己充実力を充分発揮し得る施設と、それに必要な自己の生活活動のできる場所である」と述べています。倉橋は子どもを型にはめず、自由に遊ぶ中で表現力を育てる「誘導教育」を提唱、いまなお、その精神は本園にしっかりと引き継がれています》

ここに登場する倉橋惣三とは、「日本の幼児教育の父」、あるいはドイツの教育学者で幼児教育に大きな足跡を残したフレーベルの影響を受け、「日本のフレーベル」とも呼ばれる教育者、お茶の水女子大学名誉教授である。一般社団法人倉橋惣三協会のホームページなどによると、倉橋は１８８２年（明治15年）12月28日生まれで、１９５５年（昭和30年）４月21日、72歳で死去した。

倉橋は、東京の府立第一中学校（現在の都立日比谷高等学校）、第一高等学校（現在の東京大学教養学部などの前身）を経て、東京帝国大学を卒業した。１９１７年（大正６年）、東京女子高等師範学校（現在のお茶の水女子大学）教授、附属幼稚園主事（現在の園長）となる。文部省（当時）から教育学、心理学研究のため2年間の欧米留学を命じられる。アメリカ、イギリス、ドイツなどを回って帰国し、東京女子高等師範学校教授、附属幼稚園主事に復帰する。戦前、昭和天皇と香淳皇后に幼児教育問題について進講したこともある。

先の「誘導教育」あるいは「誘導保育」とは、「自らの内に育つ力」を大切にし、子どもが自発的に自由に遊ぶ中で「自己充実」を目指す教育方針のことで、「周囲の大人が教え導くのは、その自己充実のために刺激を与え環境を構築することだ」と、倉橋は説いている。

秋篠宮さまと紀子さまは、お茶の水女子大学附属幼稚園の教育や子どもの指導方針に、深い理解と共感を持っているのではなかろうか。そして、附属幼稚園の教育や子どもの指導方針の源流にあるのが、まさに倉橋の考え方なのだ。

自ら育つものを育たせようとする心

戦後は日本保育学会の会長となった倉橋。以下は、彼の著作である『育ての心』の中で書かれていることだが、のちの紀子さまの発言にも関連があるように思えてならない。

《自ら育つものを育たせようとする心、それが育ての心である。世にこんな楽しい心があろうか。それは明るい世界である。温かい世界である。育つものと育てるものとが、互いの結びつきに於いて相楽しんでいる心である。育ての心。そこには何の強要もない。無理もない。

育つものの偉《おおき》な力を信頼し、敬重して、その発達の途に遵《したご》うて発達を遂げしめようとする。役目でもなく、義務でもなく、誰の心にも動く真情である》
《それにしても、育ての心は相手を育てるばかりではない。それによって自分も育てられてゆくのである。我が子を育てて自ら育つ親、子等の心を育てて自らの心も育つ教育者。育ての心は子どものためばかりではない。親と教育者とを育てる心である》（序、昭和11年12月）

　そして、次のような文書もある。

《おや、こんなところに芽がふいている。畠には、小さい豆の嫩葉《わかば》が、えらい勢いで土の塊を持ち上げている。藪には、固い地面にひび割らせて、ぐんぐんと筍が突き出してくる。伸びてゆく蔓《つる》の、なんという迅《はや》さだ。竹になる勢いの、なんという、すさまじさだ。おや、この子にこんな力が。……あっ、あの子にそんな力が。……驚く人であることに於いて、教育者は詩人と同じだ。驚く心が失せた時、詩も教育も、形だけが美しい殻になる》（驚く心）

「驚きから出発して、成功の果実を得る」悠仁さま

　また、第1章で前述したように、悠仁さまが幼稚園や小学校低学年になると、山や川に出かけ、多様な自然環境に棲むトンボの羽化から産卵行動までの生活史を観察・記録するようになった。あるとき、ヤゴの夜間の行動を、ビデオカメラで記録しようとしたが、ヤゴが移

動したために思いどおりに映像を撮ることができず、試行錯誤を繰り返しながら根気強く記録を続けて、ついに撮影ができたこともあったという。

このように、悠仁さまが成年を迎えた直後に公表された紀子さまの誕生日文書には、幼少時から始まり、幼稚園、小・中学生、そして高校時代へと、悠仁さまがトンボなどの昆虫や植物などに興味を持ち、観察し、調査を続け、研究を深めていく様子が、具体的にいきいきと紹介されている。

「なぜだろう」「どうしてだろう」

こうした、子どもらしい素朴な疑問や驚きから出発して、失敗を繰り返しながら成功の果実をつかみ取る過程が、悠仁さまの一番、身近にいる人の視点から描かれている。

そして、こんな一文もあった。今一度記してみたい。

「暮らしの中で出会ったことや昆虫などを観察していたときの、〝あっ!〟と思う気持ちから始まり、それが探究や創造へとつながっていく体験のひとコマひとコマが、いまの本人の成長へとつながり、支えているのだとつくづく感じています」

このように、紀子さまが綴る誕生日の文書回答には、先に紹介した「日本の幼児教育の祖」と尊敬されている倉橋惣三の「驚く心」と基本的な部分が重なり合う。

悠仁さまは小さい頃から、倉橋が書いたような「驚く心」の持ち主であり、彼が大きく成長するエネルギーの源の一つとなってきたようだ。紀子さまも、また、「この子にこんな力が」「あっ、あの子にそんな力が」と、驚く母親であり、そうした彼女の感性や育て方が、息子の成長を支え、手助けしたのかもしれない。

上皇さまとともに山登り

お茶の水女子大学附属幼稚園に入園した２０１０年、年少組の悠仁さまは、９月６日、４歳となった。幼稚園の先生や友達からは、「悠仁くん」と、呼ばれている。ジャングルジムで遊んだり、童謡を歌ったりして楽しく過ごしている。

家庭生活では、２０１０年春頃に三輪車に代わり、補助輪付きの自転車に乗るようになった。昆虫に関心があり、カブトムシやクワガタにエサをやって育てている。昆虫の記事がある図鑑や絵本をよく見ている。宮邸の庭で朝、野菜に水をやる。この年の夏には、ジャガイモやトマトなどを収穫したという。２０１０年11月22日、秋篠宮さまの45歳の誕生日を前にした記者会見で、ご夫妻は悠仁さまの近況などについて紹介している。とくに紀子さまの上皇ご夫妻とのひとときについての話が興味深い。少し長い記述となるが以下に記した。

「7月の下旬には……（中略）両陛下とご一緒に那須で過ごさせていただきました。両陛下のおはからいで、虫に関心がある悠仁は、県立博物館の関係者と一緒に虫とりを楽しみました。ミヤマクワガタやカブトムシなど、いくつもの虫を手に取り、虫の名前や特徴を教えていただく機会に恵まれました。

8月の下旬には、軽井沢にご一緒いたしました。宮さまと眞子が、天皇陛下のお供をして、石尊山《せきそんさん》を登りました。悠仁と私は、どこまで登るか、登れるところまでということでおりましたのですが、やはり山道が続いておりますと、子どもも先はどのようになっているか、何があるのだろうと好奇心を持ち、また、(少しためらわれながら)私も高校時代は山岳部に所属しておりまして、それほど高い山を登ったのではないのかもしれませんが、山を見ておりますと、ご一緒に天皇陛下をはじめ、宮さまと娘と皆で登りたくなりました。

ただ山道には、小さい悠仁にはちょっと難しいような道もありましたり、(悠仁さまは)大変元気なところはありますけれども、体力的にも、手助けが必要で、山岳部のときに背負っていたリュックサックよりは少々重かったように思いますが、楽しみながら登ることができました。頂上の付近では、コケモモが見られまして、天皇陛下がそのことを悠仁に教えてくださり、悠仁は絵本でしか見たことのなかった高山植物を間近で見ることができ、非常に喜んでおりました」

上皇さまに教わった虫を見つけられる場所

さらに紀子さまは、上皇さまと悠仁さまの楽しいひとときをこう続けた。

「今年の秋は、御所へ参内しました折、両陛下よりたくさんの虫が見られる、草が茂っている場所を教えていただきまして、悠仁は大変喜び、虫かごを持ってたびたびそこで虫探しをいたしました。時間がおありのときには、両陛下もご一緒に虫を探してくださいました」

少し補足しよう。８月下旬、両家族は長野県軽井沢町に出かけた。秋篠宮さまと眞子さんが、上皇さまとともに石尊山（約１６６８メートル）を登るのにあわせて、紀子さまは、悠仁さまを連れて一緒に山登りを楽しんだということだ。

また、この年の秋には御所を訪れ、上皇ご夫妻からたくさんの虫を見ることができる「穴場スポット」である草が茂っている場所を教えてもらった。悠仁さまは、大変喜んで、虫かごを持って、何度もその場所で虫探しをした。

時間があるときは、上皇ご夫妻も一緒に虫を探してくれたという。悠仁さまは柿の実や、先に紹介したムべ、それにいろいろな果実にも興味がある。そのことを知っている上皇后さまが、御所にあるうす紫に色づいたアケビを見せて、そのアケビやムべの果実で作った飲み物を悠仁さまに勧めたという。

「甘くて、おいしい」
と、悠仁さまは話していたようだ。

東日本大震災当日の秋篠宮ご一家

2011年3月11日午後、甚大な被害をもたらした東日本大震災が発生した。地震発生時、秋篠宮ご夫妻は東京・元赤坂の宮邸の応接室で来客と面談していた。初めはカタカタという小さい揺れがあり、そのうちに大きな揺れを長く感じた。宮さまと訪問客は外に避難した。紀子さまは私邸にいる眞子さんと悠仁さまのところへ飛んで行った。私邸にいた眞子さんと悠仁さまは、揺れがおさまってから紀子さまと庭に出て様子を見た。東京都内にいた佳子さまは午後4時頃に帰宅した。当時、宮邸には宮さまのご家族と十数人の職員がいたが、けが人はなかった。

揺れがおさまったあと、宮さまは電話で上皇ご夫妻にお見舞いを述べた。宮邸を調べると庭の石灯籠が倒れ、池の水もだいぶ外にこぼれ出ていたというから、揺れは小さくはなかったようだ。また、宮さまの本棚からは本や資料が崩れ落ちていた。夜中にも余震が続き、電車が止まるなどしたため帰宅できず、宮邸に泊まる職員もいたほどだった。

その年、3月18日、ご夫妻は、いずれも紀子さまが総裁を務める「結核予防会」と「恩賜財団母子愛育会」の幹部から被災地の状況や被災地支援について説明を受けた。３月末にはご夫妻と眞子さん、佳子さまの４人は、外務省国際法局長などから諸外国の震災支援の様子などの説明も受けた。４月７日、ご夫妻は東京都江東区の避難所を訪問したのを手はじめに、新潟県や群馬県の避難所を訪れた。５月10日、青森県内の被災地を訪問。引き続き、６月末にかけて岩手県大槌町や山田町、福島県いわき市、宮城県気仙沼市などの被災地を回った。

震災後のご夫妻が述べていた「皇室観」

この年の２０１１年11月22日に行われた誕生日会見で、秋篠宮さまは、次のように答えていた。

「震災が起きてしばらくしてから、私たちも最初は被災地ではなく、被災者で東京をはじめほかの県に避難している人たちのところへお見舞いにまいりました。その後、被災地のほうへと行ったわけですけれども、今回の被害が非常に広域にわたっているということから、まず、被災地の中でもどこに私たちが行くべきかということを考えました。そして、こちら２人がなんらか縁のある場所、縁のあるというのは、その地域に縁《えにし》あるということもありますし、また、２人ともいくつかの団体に関連しておりますので、その関連する団体に関する、そういうところを中心に行こうということになりました」

「印象に残っていることと言えば、私はやはり、それまでテレビなどの報道を通して流れてくるニュースはもちろん見ていたわけですが、実際にその場所に行って目の当たりにすると、私たちが行きましたのは震災からしばらくたってからのことではありますけれども、いまだに倒壊した家屋がたくさんあり、その当日の被害の大きさというものを改めて実感しました」

「そういう大変な状況の中にあって、私たちが接した人々というのは、本当に限られたわずかな人たちですけれども、その人たちが非常に前向きな姿勢で一日一日を過ごしているという印象を持ちました。さらに多くのボランティアの人が活動している場面にも接しましたし、自衛隊員の人たちが作業をしている場面を見かけることもありました。非常に多くの人たちが、震災に対して誠意を持って接している、手伝いをしているということが印象に残っております」

そして、「長期的な視野で今後の復興を見守っていきたいと思いますし、携わっていきたいと思います。そして、末長く被災された方々に心を寄せていきたいと考えております」と した上で、こう続けた。

「皇室の役割ということになりますと……（中略）被災した地域の復旧・復興を長期的な視野で見守っていくことであり、被災者に対しても末長く心を寄せていく、そういうことではないかと思います」

次に紀子さまもこのように述べた。

「困難な状況にある方たちのことに対して思い続けていく、心を寄せていくことは（皇室の役割として）非常に大切でございます」

「印象に残ったことは……（中略）被災された方々とお目にかかり、お話をうかがわせていただく中でも、ご自分たちが非常に厳しい、大変な状況で過ごしていらっしゃるにもかかわらず、私たちがうかがったことに対してお礼の言葉や優しい言葉をくださったり、（少し考えて）いろいろな方と出会い、そして、いろいろな方の思いをうかがわせていただきながら、多くのことを感じ、また、そのときを大切に思いましたことです」

5歳の「ゆうちゃん」。姉たちは「ゆっぴー」と

その頃の私の取材メモには、当時の秋篠宮ご一家が、悠仁さまをどう呼んでいたかの記述があった。

「〝ゆうゆう〟と名付けたのは秋篠宮さまだが、家族の間では〝ゆうちゃん〟と言われたり、姉の眞子さんや佳子さまからは、〝ゆっぴー〟と呼ばれ、かわいがられている――」

その「ゆうちゃん」が2011年4月から幼稚園生活2年目を迎え年中組になった。9月6日には、5歳の誕生日を迎えた。幼稚園では年少組の子どもたちの面倒をよく見て、手を

つないで遊戯室に連れていくようになった。秋篠宮邸のある赤坂御用地でモミジの木に登ったり、姉たちと追いかけっこをしたりして遊んでいる。生き物への関心が高く、カブトムシやクワガタ、上皇后さまからもらった山繭《やままゆ》を育て、昆虫や魚の図鑑をよく見ている。

また、当時の私の取材メモによると次のようなこともあった。

お茶の水女子大学附属幼稚園で悠仁さまは、庭で友達と虫探しをしたり、砂場遊びをしている。室内では木製の線路をつなげて電車ごっこをするなど元気な様子だ。紀子さまは、

「幼稚園生活をはじめ、自分がしたこと、うれしかったこと、驚いたことや不思議に思ったことなどを目を輝かせながら話してくれます」

と話し、宮さまは、

「幼稚園をエンジョイしているようなので、私もうれしく思っております」

と喜んでいる。

悠仁さまは幼稚園生活2年目で、年中組となったが、昆虫や植物への興味が続いている。夏場は昆虫採集と畑仕事に熱中したようだ。宮邸だけでは飽き足りず、毎週末はご両親と一緒に御所に出かけ、上皇ご夫妻にあいさつをしたあと、皇居の森で昆虫採集をした。ちなみに、悠仁さまと紀子さまが虫とりに出かけている間、宮さまは上皇ご夫妻と歓談する。

また、宮邸の庭の畑ではニンジンやブロッコリーを栽培しているが、悠仁さまは水まきを

するなど土にまみれながら野菜の世話をした。その頃の宮邸の庭にはテンジクネズミ科の体長70センチメートルほどのマーラが2頭いた。池にはコイとアオウオがいた。夏になる前に悠仁さまは、宮邸の居間でスズメガの幼虫（約15センチメートルのイモムシ）を見つけ飼育し、やがてクロメンガタスズメの成虫に育ったという。

悠仁さまも父ゆずりで大きな動物が好き

生き物や植物が好きなところは宮さまと共通している。それも2人とも、「大きいもの」を好むところがそっくりだ。悠仁さまは、昆虫は何でも好きなようだが、図鑑を見ながら世界最大の蛾で羽を開くと13〜14センチメートル以上にもなるヨナグニサンにも心ときめかせている。

恐竜にも興味を持つ悠仁さまは一部の骨しか出土していないが、史上最大といわれる草食恐竜のアルゼンチノサウルスが好きだ。こうしたことからなのか、世界の生き物が紹介されるNHKテレビの番組「ダーウィンが来た！」を一緒によく見る。また、本を見ながら大きさ比べをする。宮さまと一緒に犬や恐竜同士で大きさを比較しては、

「こっちが大きい」「こっちのほうが大きいよ」

と話し合っているのだという。図鑑などで新しい知識を吸収している悠仁さまは本物にふ

れてみたいらしく、最近は動物や植物でも「〇〇が見たい」というのが口癖だ。

「昆虫でも木でも興味があるものの多くは日本にはないものですから、外国に行かないと見られませんね。タイ、ラオス……、マダガスカルもおもしろいですね」

と、宮さまは早くも悠仁さまと一緒に外国へ調査に出かける日々を思い描いている。

超大型犬を飼いたい父と息子

そんな2人はその頃、超大型犬を自宅で飼いたいと考えていた。紀子さまは「小さい犬もかわいいじゃない」と水を向けるが悠仁さまは頑として聞かないらしい。ただし、「成犬前でもシェパードほどになり、散歩中に綱を引っ張られて危険なため、自宅で飼育するにしても悠仁がもう少し大きくならないと難しいですね」と、宮さまは考えていた。

生き物が好きな2人は、男同士ということもありとても仲よしだ。一緒にお風呂に入り話をしたり、宮さまが両手で「水鉄砲」をつくって、それで悠仁さまにお湯をかけたりして遊ぶ。右手の三本の指を左手の手のひらで包み込み、指と手のひらの間にお湯を入れて勢いよく飛ばすという仕組みだ。

「成長するにつれ、行動の幅が広がっているように思いますね」

と、宮さまは目を細める。たとえば宮さまは木登りは苦手だが、悠仁さまは高い木の上も大丈夫。下から宮さまはハラハラしながら見守り「早く降りて来い」と、いつも心の中で心配している。勉強のほうはというと、悠仁さまはひらがなは読めるようになった。漢字はまだ難しいが、画数の多い漢字が好きだ。文字というよりも絵の感覚で親しんでいる。このように当時の取材メモには具体的に記している。

震災で延期した成長を願う二つの儀式

２０１１年11月3日、悠仁さまの健やかな成長を願う儀式「着袴《ちゃっこ》の儀」と「深曽木《ふかそぎ》の儀」が東京・元赤坂の赤坂東邸で行われた。これは一般の七五三にあたる皇室の伝統的な儀式だ。「着袴の儀」では、悠仁さまは落滝津《おちたぎつ》の服に白い袴を着けてもらった。「深曽木の儀」では童《どう》形服《ぎょうふく》姿で碁盤の上に立ち、両手に木の枝や扇を持ち、碁盤から飛び降りた。

儀式を終えた悠仁さまは、報道陣から「おめでとうございます」と声をかけられると、「ありがとうございます」と答えていた。「深曽木の儀」は、主に男性皇族の儀式とされ、秋篠宮さまが１９７０年10月に行って以来、約41年ぶりだった。当初、「着袴の儀」と「深曽木の儀」は２０１１年春に予定されていたが、東日本大震災により、秋に延期された。

２０１１年11月22日に行われた記者会見で、悠仁さまの成長ぶりを尋ねられた秋篠宮さまは、

「そうですね。成長ぶりですけれども、同じ屋根の下に住んでいますから毎日のように顔を合わせていると、連続的に変化していくものというのはなかなか見えないですね」

と、切り出しながら次のように述べている。

悠仁さまは、身体も大きくなっていて、木にすたすたと登っていく。一緒に本を見ながらあれこれと、虫や恐竜のことなどを話すが、その会話の量も増えているという。

「先日、いわゆる着袴の儀というのが行われましたけれども、なんとなく、袴を着けると大きくなったように見えてくるのですね。私だけかね」

と、秋篠宮さまは、紀子さまを振り向いて話しかけた。紀子さまは次のように紹介した。

秋篠宮家の姉2人と弟、それに愛子さまの4人で過ごしているときはいつの間にか子どもたちだけで楽しそうに語り合っている。4人の中で悠仁さまが一番小さいので、〝3人のお姉さんたち〟の周りをうれしそうに走り回ったりすることもあるという。

「そうね。子どもたちが4人でいるととてもにぎやかな。ありますね」

こう秋篠宮さまは語った。

紀子さまが語った「年中組さん」ぶり

紀子さまはまた、悠仁さまの幼稚園生活についてこのように話している。

２０１１年9月6日で5歳になった。幼稚園での生活も1年半が過ぎ、すでに3年保育の年中組さん。ずいぶんと慣れてきたように感じられるという。いろいろと行事に参加し、遊びも広がってきた。運動会も、前年は初めての運動会ということもあり、年少組の友達とともに、「運動会っていうのはなんだろうか」と、むしろ戸惑ったり、少し立ち止まって考えるようなこともあったという。しかし、２０１１年の運動会は、いろいろな競技や遊戯に楽しそうに元気に参加しているという。「そういうところでも成長を感じました」と、紀子さまは感想を述べている。

また紀子さまは、悠仁さまがペーパークラフトに関心を持っていることも紹介した。図鑑を開いて魚とか恐竜とか、何かよさそうなものを選んで、それを紙に描いて、はさみで切って、色を塗っている。恐竜などは非常に大きいので、紙を貼り合わせて作るという。

「出来上がった喜びを家族にも伝えたくて、私たちが出かけているときは戻ってから〝できたよ〟って報告したり、大学や高校から戻ってくる眞子、佳子に早く見せたいということで、心待ちにしていることもございました」

と、紀子さまは話していた。

眞子さんが小さい頃に読んでいた同じ本を読む

また同じ年、２０１１年10月23日、長女、眞子さんが20歳の成年の誕生日を迎えた。５歳を迎えた悠仁さまとは15歳違い。それほどに年が離れている。このことに関連して紀子さまは同じ２０１１年11月22日の記者会見で、次のような思い出を語っている。

悠仁さまと読んでいた本が、じつは眞子さんが小さいときに読んでいた本だったという。眞子さんと一緒に読んでいた本なので、だいぶ読み込まれ表紙なども傷んでいる。その本を手に取って悠仁さまに読み聞かせていたら、小さい頃から本が大好きだった眞子さんの思い出がよみがえってきたという話だった。

「眞子と一緒に読んでいた本、または、眞子が読んでいた本を次女の佳子が読み、今は悠仁が読んでおりまして、何かそのように一つの本が大事に読み継がれていくのをうれしく、また、ときがたっていることを感じました」

と、紀子さまは話している。

さらに同じ記者会見では、記者から悠仁さまの教育方針についても尋ねられていた。秋篠宮ご夫妻はこのように話している。

秋篠宮さま「これから幼稚園、今、年中組ですけれども、年長組それから小学校、中学校、高等学校と進んでいく中できちんと社会生活を送れるようになってもらいたいなと思っております。また、そういう中で、ある時期になれば自分の立場もきちんと認識しなければいけませんけれども、それとともに自分が関心を持っていることを伸ばしていってくれたらよいと思います。ただ、やはり若いうちというか子どものうちというのは、できるだけ広くいろいろなものにふれておいたほうが、裾野が広がると言いますか、よろしいと思いますので、そういう方向に、サジェスチョンのようなことができればよいかなと思います」

紀子さま「基本的な生活習慣や身につけるべきことは年齢に合わせてございますので、大切に学べるように心がけたいと思いますし、先ほど宮さまもお話しされましたけれども幅広い経験を重ねていくことも大事だと私も思います」

取材メモに残る悠仁さまへの「教育」

当時の私の取材メモには、悠仁さまの教育についてまとめたものもあった。

秋篠宮さまの悠仁さまへの教育方針は、生まれてから現在までの皇族としての長い体験から導き出されたものだ。悠仁さまを甘やかして育てようとは毛頭考えていない。私が宮邸を訪問した折、悠仁さまの教育方針について、改めて秋篠宮さまにお聞きした。そのメモを再現する。

「私は皇族としてというよりも、まずはひとりの人間としてどう育つかを大切にしたい。何よりも人として立派に成長することを願っています。同時に自分の立場を自覚し、自分の個性というものを伸ばしていってほしい。人としての常識を持ち、正直であり誠実である。人への思いやりや感謝の心を忘れないようにしてもらいたい」

と、宮さまは述べていた。

「一緒に暮らす親の姿を見て、自然に学ぶ」

前述したように、２００９年秋、誕生日を前にした記者会見で、秋篠宮さまはご結婚50年を迎えた当時の天皇、皇后両陛下（現在の上皇ご夫妻）についてこう話していた。

「その時代、そのときそのときの今を生きている人々にとって、皇室というものがどういう存在であるのかということを、ずっと考えてこられたのではないかなと思います」

その上で、ご即位20年を迎えた陛下に対して、

「象徴とはどういうふうにあるのが望ましいかということをずっと考えてこられた20年だったのではないかと思います」

と、答えたことがある。そしてある日、宮さまは私に、

「両親と一緒に暮らすことで、親の姿を見て自然に自分の立ち位置を学ぶことができ、とて

もよかったと思います」

と、しみじみと振り返ったことがあった。きっと悠仁さまもご両親の仕事に打ち込む姿などから、自然に多くのことを学ぶに違いない。ご家族と一緒に暮らすことが、何よりも悠仁さまにとっての大切な「帝王教育」なのかもしれない。

悠仁さまをあまり叱らない父・秋篠宮さま

そうそう、悠仁さまが5歳頃のエピソードとして、もう一つ紹介しておこう。かつて、宮さまは子育てやしつけに厳しかったという。２０１１年10月、眞子さんは20歳を迎え成年皇族となった。10月23日の誕生日を前にした記者会見で「父」についてこう述べていた。

「かつてはよく怒る父親でございましたけれども、最近はすっかり丸くなっております」

「昔は全般的によく怒る、本当にもうそれしか言いようがないのですけれども、厳しいこともありました。厳しいことに関しては、厳しくしつけてくれたことに感謝しておりますけれども、導火線が少々短いところがあったと申しますか……」

しかし、最近は「丸くなった」のか、姉の眞子さん、佳子さまに比べると、悠仁さまを叱ることが少ないらしい。

5歳になった悠仁さまが悪さをしても、宮さまが怒らないものだから、姉2人は悠仁さまを指して、「叱れ、叱れ」と宮さまをうながすこともあるそうだ。

私も似たような光景を見たことがある。宮さまとお会いしているときに、紀子さまが悠仁さまを連れ部屋に入って来た。悠仁さまは元気一杯だった。見知らぬ人がいるものだから、余計に照れくさいのか、うれしいのか、椅子やテーブルの脇をすり抜け、部屋の中を駆け回り、少しもじっとしていない。

秋篠宮さまは走り回る悠仁さまを目で追うだけで、その目元はゆるみ、楽しんでいるようにも見えた。少しも叱ったりはしなかった。ついには紀子さまが抱きとめられ、悠仁さまを、「よおく、考えてみましょうね」と、諭した。けれども、その手をすり抜けて悠仁さまはまた、走り出したのだった。

年長組に。「息子の3年間に感謝」と目を細め

2012年春から、悠仁さまは幼稚園の年長組になった。そして、2012年9月6日、6歳の誕生日を迎えた。報道によると、幼稚園では、鯉のぼり作りや園内の出来事をまとめた新聞作りを体験した。6月のジャガイモ掘りのあと、収穫したジャガイモを食べたが、悠仁さまは小さい子どもたちに皮をむいてあげた。秋篠宮邸のある赤坂御用地では、インゲンマメやトマトなどを栽培している。2012年からは稲作も始め、収穫を心待ちにしている。

採集した昆虫の標本を作ったり、昆虫の名前を図鑑で調べたりしている。誕生日にあわせて発表された写真にはショウリョウバッタを手に持つ、笑顔の悠仁さまが写っていた。

当時の私の取材メモをそのまま紹介してみたい。

「年長組になってから悠仁さまは、チャボの世話を始め、〝最後までしっかりやろう〟と、友達に呼びかけながら、小屋の掃除などに取り組んだ。また悠仁さまは幼稚園で、竹馬に乗ったり、たこ揚げをしたり、ドッジボールや砂場遊びを友達と一緒に楽しんでいる。竹馬を根気強く練習し園庭をあちらこちら竹馬で歩いている。寒さの中でも元気一杯の様子だ」

「秋、悠仁さまは、幼稚園生活最後となる運動会に参加した。お茶の水女子大学附属幼稚園は3年保育で、年少、年中、年長組へと進級する。年長組の悠仁さまは、秋篠宮ご夫妻が見守る中、綱引きやお遊戯などに出場した。悠仁さまは、リレー競技にも出場したが駆け足は速かった」

「2013年2月、秋篠宮さまは幼稚園で悠仁さまと一緒に防災訓練に参加した。白い煙が充満しているテントの中をくぐり抜けたり、起震車に親子4組ずつ乗り込み、宮さまと悠仁さまはほかの親子たちと震度7の揺れを体験した。子どもたちはテーブルの下にもぐり、親たちはテーブルなどにつかまり立ちした。激しい揺れに驚く子どももいたが、悠仁さまは貴重な体験に終始、笑顔だった」

悠仁さまは、宮さまが40歳のときに生まれた。それだけに、宮さまは、佳子さまたちが小さい頃と比べ、心に余裕を持って接しているようだ。

「息子は、この3年間、元気に幼稚園に通い、毎日、楽しくのびのびと過ごし、友達もたくさんできました。幼稚園側の対応にも感謝しています」

と、宮さまは、このように目を細め、私に話したことがある。

息子の頭やほっぺたをなでるのが好き

秋篠宮さまからは、その頃の悠仁さまについてこんなことを聞いたこともある。やはり、私が宮邸を訪ねた折のことだ。「どんなときに大きくなったな、と感じますか」と、私が尋ねたところ、

「抱っこしたときですね。ずしりと重い手応えを感じた瞬間に、成長したなと感じます」

と、即答してくれた。

「私は息子の頭やほっぺたをなでるのが、とても好きなんです」

そして、このように笑顔で付け加えた。

秋篠宮家の「ゆうちゃん」は、相変わらず昆虫や動物に興味しんしんらしい。毎年夏になると、両親と一緒に頻繁に御所に出かけ、昆虫採集を楽しむ。

「陛下も息子の虫好きを知っておられますので、普通だったら草刈りをしてしまうところをそのままに残して、虫がたくさんいられるような環境をつくっておいたりとか」

と、秋篠宮さまは２０１１年11月22日の記者会見で話していた。悠仁さまが虫とりに熱中している間、上皇ご夫妻（当時は天皇、皇后両陛下）と秋篠宮さまや紀子さまはひとときをともに過ごす。昆虫採集をきっかけに親子、あるいは三世代の交流が深まっているのだ。

先にふれたように「ゆうちゃん」は、昆虫でも動物でも大きいものが好きだった。図鑑に出ていた世界最大の蛾で、羽を開くと13〜14センチメートルにもなるヨナグニサンが昆虫ではお気に入りだ。史上最大といわれる草食恐竜のアルゼンチノサウルスが好きだ。また、世界で最も背の高い犬で、以前にも宮邸で飼われていたアイリッシュウルフハウンドにも心惹かれていた時期がある。この犬種は、かつてはオオカミ狩りに使われていたという。こうしたものに興味を持ったのも宮さまの影響なのだろうか。

明かしてくれた「ゆうちゃん」の好きなもの

「でもね、この頃は小さいものも好きになってきたらしいです」

と、宮さまは、こっそり打ち明けてくれた。当時、悠仁さまは、

「小さくてもかわいいのがいるよ」「小さいのもいいよ、好きだよ」

と、大きいもの好きの秋篠宮さまに勧めているという。紀子さまには以前から、「小さいのもかわいいよ」と、話していたらしい。「ゆうちゃん」は、動物や昆虫は大きくても小さくても、好きになったらしい。

世界の生き物を紹介するNHKテレビの「ダーウィンが来た！」を、親子で一緒によく見ると、先ほど紹介している。「ゆうちゃん」は折り紙で器用にツルなどを折る。また、紀子さまが話していたようにペーパークラフトも好きだ。図鑑から気に入ったサカナや恐竜を選んで、それを紙に描いて、はさみで切る。そして、得意そうに家族に見せる。

補助輪なしで自転車に乗れるようになったので、ヘルメットをかぶり、宮邸のある赤坂御用地の中でサイクリングを楽しんでいる。「ゆうちゃん」は、以前から自然現象に興味を持っていた。庭の池に氷が張ったとか、霜柱がいつ頃からできた、それはどのくらいの高さだったとか、とても関心があった。

「ゆうちゃん」は、小さな〝気象予報士〟

当時の悠仁さまの「一番のお気に入り」にふれておこう。それは、天気予報だ。

2012年の年末頃から、新聞で雪マークを探すのが好きになり、天気予報に興味を持った。東京だけでなく北海道から九州、沖縄まで各地の天気を調べる。

いつも使う宮邸の玄関に温度計が置いてあり、それで温度をチェックする。「ゆうちゃん」は朝6時台に起きて、夜は8時台に眠る生活サイクルだ。ときどき、夜、父親に、「明日の天気は晴れ。最低気温は何度。最高気温は何度だから、明日は寒いよ」と、話してからベッドに入る。この年の冬、東京は寒かった。何回か雪が降ったり、積もったこともあった。積雪の日は大喜びで宮邸の庭で雪ダルマを作って遊んだ。秋篠宮さまは私にこう説明してくれた。

「もともと玄関に置いてあったのか、（悠仁さまが）毎日の気温に関心があるから、温度計を置いたのかわかりませんが、天候や温度をチェックしていますね」

宮さまは小さな〝気象予報士〟の「ゆうちゃん」に感心している。

6歳。姉たちを誘ってのサイクリングも

2012年11月22日に行われた誕生日前の記者会見で、6歳を迎えた悠仁さまの近況などについて、「昆虫好きは今でも続いていて、休みの日などにはよく捕虫網を持って虫とりに出かけています」と、話している。

紀子さまは、最近、自転車に乗ることが多くなったと紹介した。赤坂御用地内で悠仁さまは自転車に乗り、紀子さまたちも自転車に乗って一緒に出かけることがある。年の離れた2

人の姉は、悠仁さまにとって、とても頼りになる存在だ。悠仁さまに誘われて、一緒に御用地内でサイクリングをすることもあるそうだ。

悠仁さまが「行かない?」と、姉たちを誘って、運動がてら姉たちと一緒にサイクリングをしている。ヘルメットをかぶり、秋篠宮邸の玄関を出ると、すぐ坂道があり、その急な坂道を上り、ちょうど11月頃はムベの実が実っている道を通り、また砂利道を走って、「小さな自転車旅」を楽しんでいるらしい。

悠仁さまは、外出したときによく見かける道路標識や信号などに関心を持ち、家に戻ってからそれを紙に描き、立体的に作っていろいろなところに置いたり貼ったりしている。

また幼稚園では、11月には約2週間の秋休みがある。それが終わったあとは、木々の葉がきれいに色づいた園庭で友達と元気に遊んでいる。幼稚園の年少組や年中組のときは組単位で過ごすことが多くあったが、2012年の春から年長組になり、年長組の二つある組が混ざっていくつかのグループやチームをつくり、遠足などの幼稚園の活動をするようになった。幼稚園最後の運動会では年長組が六つのチームに分かれて綱引きや遊戯、リレーなどに参加した。秋篠宮さまは、

「私も運動会だけは見に行くのですけれども、年少組、つまり一番最初のときと年長組になった今年、その3年間でずいぶん子どもというのは大きくなるというか成長するものだなとい

う印象を持ちました」

と述べ、紀子さまはこう続けた。

「そうでございますね。年少のときは、運動会はどういうものかわからずに参加しておりましたが、年中になり、だいぶ運動会の様子がわかりまして、年長組では年少、年中の競技も楽しみながら、また保護者の参加する競技もありましたけれども、それも楽しみながら幼稚園最後の運動会を過ごしていたと思います」

小学校もお茶の水附属。学習院以外は皇族初

２０１２年12月14日、宮内庁は悠仁さまが２０１３年春、東京都文京区にあるお茶の水女子大学附属小学校に進学すると発表した。小学校は、附属幼稚園に隣接している。秋篠宮ご夫妻は、幼稚園時代から長男が慣れ親しんだ友人関係や環境を大切にして決めたのだろう。12月12日、入学検定を受け、14日に合格した。戦後、皇族が学習院以外の小学校に入学するのは初めてのことだ。お茶の水女子大学によると、附属小学校は１８７８年に開校した。１学年は3学級で、男子は6割が併設の附属中学校に進学するが、高校からは女性のみの学校となる。

明けて２０１３年１月16日、皇居・宮殿「松の間」で新春恒例の歌会始の儀が行われた。

この年のお題は「立」で、紀子さまの、

「凜として立つ園児らの歌ごゑは冬日の部屋にあかるくひびく」

という歌などが披露された。

宮内庁は、紀子さまの歌にはこんな意味があるのだと説明している。

「悠仁親王殿下が通われる幼稚園にて、保護者が一緒に参加する行事などで子どもたちの歌をお聴きになる機会があります。2学期の終業式には、年長組の子どもたちが姿勢を正し、明るく元気に歌う声が遊戯室に響きわたりました。この様子をお歌にお詠みになりました」

3月14日、悠仁さまは秋篠宮ご夫妻に付き添われて、お茶の水女子大学附属幼稚園の卒園式に出席した。紺色のブレザー姿の悠仁さまは、卒園証書を受け取ったのち、園舎前で、記者たちから「おめでとうございます」と、声をかけられ、「ありがとうございます」と、笑顔を見せた。新しい小学生生活がもうじきスタートする。

第５章

「お茶小」での6年間

自由でのびのび。
寒い季節も半ソデ、半ズボン姿で

お茶の水女子大学は皇室とゆかりが深い

２０２４年9月6日、悠仁さまは18歳、成年の誕生日を迎えたが、そのうちの12年間をお茶の水女子大学（東京都文京区）が運営する附属幼稚園、小学校、中学校で学んでいると、先ほども紹介している。皇族が、学習院以外の学校でこれだけ長期間、勉強を続けたという例が過去にあるのだろうか。

お茶の水女子大学附属幼稚園は、日本最古の幼稚園であると前述したが、それでは、お茶の水女子大学、そして附属小学校、中学校とはそもそもどういう学校なのか。その歴史や伝統、あるいは教育方針などについて説明してみよう。大学や学校のホームページなどを参考にしながら紹介したい。

お茶の水女子大学の前身である東京女子高等師範学校は、日本最初の女子高等教育機関として１８７５年（明治8年）11月29日、東京女子師範学校として設立された。２０２５年11月29日に創立１５０周年を迎える、いわば、わが国、女子教育界の最高峰に位置する。

開校式には、明治天皇の后である昭憲《しょうけん》皇太后が出席した。そして、昭憲皇太后から女子教育の振興を期待する開学の令旨《りょうじ》（命令を伝える文書）を贈られた。翌１８７６年には、昭憲皇太后から和歌「みがかずば」を贈られ、これに曲を付け校歌として、現在も歌い継がれている。「みがかずば玉もかがみもなにかせん　学びの道もかくこそありけれ」という歌詞となっている。このようにお茶の水女子大学もまた、皇室ととてもゆかりが深い。

明治天皇の后・昭憲皇太后は「国母陛下」と

２０２４年４月初め、私は東京都渋谷区にある明治神宮を訪れた。明治神宮は、明治天皇と、后である昭憲皇太后を「御祭神」として祀《まつ》っている。境内の一角にある明治神宮ミュージアムで「受け継がれし明治のドレス―昭憲皇太后の大礼服」という展覧会が開かれていて、私はそれを見学した。展覧会のカタログによると、昭憲皇太后は、明治天皇を支えながら、女子教育や社会福祉、殖産興業、洋装の奨励などに尽くし、「明治」という新しい時代を築き上げたひとりで、「国母陛下」と慕われた。

大礼服は、外国の高官らとの謁見や国家的な儀式などで昭憲皇太后が着た最も格式の高い宮廷礼服で、１９０９年、京都市にある大聖寺《だいしょうじ》に下賜された。大礼服は、ボディス（上衣）とスカート、トレイン（引き裾）の一式からなる。上衣と引き裾には「薔薇の花をあらわした紋織地に金モールで立体的な刺繍が施されている」（カタログの説明）。経年劣化が激しく、２０１８年、調査研究や修復、復元を目指したプロジェクトが発足し、約５年かけて大礼服の修復を終えた。２０２４年４月、明治神宮会館で大礼服に関するシンポジウムが開かれ、紀子さまが出席している。

大礼服は立体的に展示されていて、とくに数メートルもある長いトレインが目を引いた。また、大礼服の大きさなどから、この最高位の正装ドレスで着飾った昭憲皇太后が、現代の日本人からするとずいぶん、小柄だった印象を受けた。明治天皇の后で「国母陛下」と呼ばれたというと、つい大柄な女性を思い浮かべてしまうが、どちらかと言えば華奢な方だったようだ。

「色白で、穏やかな、小柄な女性……その黒い瞳は、生命力と知性（教養）に満ちていた」

英国公使夫人が昭憲皇太后に会ったときの印象をこのように述べたと説明されている。

さらに、私が驚いたのは昭憲皇太后の書の見事さ、美しさだった。展覧会図録で改めて確認してみた。和歌をしたためた短冊、「山時雨　秋ふかみもみぢをいそぐ村しぐれ　とやまの里に間なく降らむ」の解説には、「本品は昭憲皇太后の記された書の中では取りわけ太く勢いを感じるものではあるが、それにより流麗さを欠くことはない格調高い書体である」などと、書かれている。格調の高い書の持つ美しさもまた、日本の伝統芸術の一つに数えられる。

展覧会場の一隅で、昭憲皇太后の書と対面した際、思わず鳥肌が立つほど感動した。昭憲皇太后に関係したささやかな私の思い出である。

紀子さまが話されたことも、お茶小の教育方針

悠仁さまが学んだお茶の水女子大学附属小学校は、「お茶小」と呼ばれることもある。その2024年度、学校経営計画によると、同校の教育目標は、「自主協同」である。ホームページによると、具体的には次のようになる。

1 自分で考えて正しく判断し、進んで行動する子を育成する
2 自然と人間を大切にし、情操の豊かな子を育成する
3 健康で、気力体力が充実し、意志の強い子を育成する

と、示されている。各学年の目標は、

・1年、ともにかんがえ つながり せいかつをつくる
・2年、いろいろなであいによって 生まれる問いをちがいによって りかいにむかう
・3年、すなおな心 こせい豊か やさしい気持ち かかわる学び
・4年、「あっ!」とおどろき「それはなんだ?」とかんがえて「ふしぎ」をいっぱい楽しもう
・5年、のりこえる強さをもつ どんどんチャレンジする かんきょうを自分たちで作る
・6年、じっくりみちる まなび ゆっくりみちる せいかつ ゆたかにみちる こども

とくに、4年生の学年目標である『『あっ!』とおどろき『それはなんだ?』とかんがえて『ふしぎ』をいっぱい楽しもう』は、「いつしか、自分の指よりも大きいトンボを手にとり、間近で複眼、翅や肢の特徴や、放したトンボの飛び方を観察して〝これはなんだろう〟〝なぜだろう〟〝どうしてだろう〟と、昆虫の図鑑で調べるようになりました」などと、紀子さまが2024年9月11日、誕生日に際して発表した文書回答の内容と非常に似ている。

こう考えてみると、秋篠宮ご夫妻の教育方針と附属小学校の学習指導もまたかなりの部分、共通しているのではなかろうか。非常に、興味をそそられる。

また、大学の中期目標(附属学校について)の中には、こうも書かれていた。

「大学と附属学校園が緊密に連携する『オールお茶の水』体制のもとで、連携を推進するための体制や教育研究環境の整備を図りながら研究や取組を協働して進め、学生の実習や教員の研修を行うとともに、先導的な教育モデルや教材等の開発及びそれらの成果の発信を進める」

つまり、「オールお茶の水」体制という言葉が示すように、附属幼稚園や小、中、高校とお茶の水女子大学との関係は、とても密接だ。「学生の実習や教員の研修」の場としての附属学校と幼稚園の位置づけはもちろんではあるが、附属幼稚園から小、中、高校、大学まで同じ敷地内にある、距離の近さも大切だ。正門を入るとすぐ左側に附属小学校がある。右側に附属高等学校があり、正門をまっすぐに進んだ突き当たりの本館を左に100メートルも進まないうちに、重々しい茶色の外壁の附属幼稚園の園舎と広々とした園庭が見える。附属中学校は本館右手の奥にあるという具合に、近距離にみな位置している。

ちなみに、佳子さまたちが通った学習院は、初等科はJR四ツ谷駅に近く、女子中・高等科は東京都新宿区戸山町にあり、いずれも、東京都豊島区目白にある学習院大学と離れた場所にある。

お茶の水女子大学のキャンパスに一歩、足を踏み入れてみると、母親に手を引かれた幼稚園児や制服姿の小学生たちとすれ違うことができ、「オールお茶の水」の一体感を肌で感じることになる。附属小学校は1878年（明治11年）、東京女子師範学校附属練習小学校として、開校した。「自主協同」の教育目標は、開校当時から現在に至るまで、受け継がれている。1学年3学級で、4年生から帰国児童教育学級が加わり、1学年4学級となる。

新1年生は男児52人、女児53人

2013年4月7日、悠仁さまが附属小学校に入学した。報道では、紺色の制帽、制服姿の悠仁さまは、秋篠宮ご夫妻に付き添われて入学式が行われた大学の講堂前に到着した。報道陣から「おめでとうございます」と、声をかけられると、「ありがとうございます」と、悠仁さまは、緊張しながらお辞儀をした。入学式では、ご両親らが見守る中、「秋篠宮悠仁」と、呼ばれた悠仁さまは、「はい」と、元気よく返事をした。

新1年生は男児52人、女児53人で3クラスに分かれる。

学校では、友達からは「悠仁くん」と、呼ばれ、先生たちからは「秋篠宮さん」「悠仁さん」と呼ばれている。新しい友人もでき、元気に学校生活を送っている。1学期には運動会や上野動物園への遠足があり参加した。上級生と一緒に電車に乗ったり、鉄棒にも挑戦している。

虫とりが大好きで夏休みには、秋篠宮邸のある赤坂御用地や皇居でトンボやチョウをつかまえた。採集した昆虫は図鑑で調べて分類し、標本にした。上皇ご夫妻に虫の話をしている。

この年の9月6日に7歳の誕生日を迎えたが、そのとき、発表された写真には秋篠宮邸の玄関前で眞子さんや佳子さまと一緒に縄跳びをする悠仁さまが写っていた。また、11月に行われた音楽会で、1年生の演目「だれにだっておたんじょうび」を歌った際、悠仁さまは同じ9月生まれの友達と一緒に「はーい」と、元気に返事をした。

紀子さまが語った1年生の悠仁さま

2013年11月22日、秋篠宮さまの48歳の誕生日を前にした記者会見で、紀子さまは、新1年生となった悠仁さまの学校生活などについて次のように話している。

「長男は、今年の春に小学校に入学しまして、新しいお友達や先生と出会い、新しい学びの日々が始まりました」

運動会やジャガイモ掘りなどにも行き、6年生や上級生たちとも一緒にいろいろな経験をし、学校生活にもだんだん慣れてきた、とした上で、

「いろいろな授業がありますす中で、たとえば、子どもたちがいくつかの課題の中から一つを考えて選んで取り組むものがあります。小学校では『えらぶ』の授業、『えらぶ』の時間と呼んでいまして、ことばや『あきみつけ』などのプリントが用意されまして、そのプリントに取り組みながら学習していきます。よくその『えらぶ』の時間について家に戻りましてからも話すことがあり、〝今日はあきみつけでひめリンゴをみつけたよ〟と言って、ひめリンゴをうれしそうに見せてくれたり、また、〝明日はどれにしようかな〟と考えながら話すこともあります。そのほかには、先ほどの秋祭りのように子どもたちがお互いに意見を出し合ってつくり上げていく活動もありますし、6年生と一緒に給食をとる、たて割り給食の時間も1週間ほどありました。給食はとても楽しみにしているようで、毎日残さずおいしくいただいているようです。ほかにも好きなことは、休み時間と放課後遊びで、今は鬼ごっこや縄跳びをして元気に遊んでいるようです」

「ひめリンゴ」は、イヌリンゴの別名。バラ科リンゴ属の果樹で大きさは40～60グラムほど

で、手のひらにすっぽりとのり、普通のリンゴよりも小さいのが特徴だ。酸味が強く、生食には適さない。ジャムなどに加工するほか、縁日の屋台でリンゴ飴として売られたりする。

皇居での盆栽飾り体験と調理場見学

こうした悠仁さまの、日常の中での学びや発見は、学校内に限ったことではない。2013年暮れ、悠仁さまが7歳の頃のことだったと思う。私が宮邸で秋篠宮さまにお会いしていると、紀子さまがズボン姿の軽装で部屋に入って来た。

紀子さまは、朝、悠仁さまと一緒に出かけ、先ほど宮邸に戻り、あいさつに来たのである。軽装だったため、私は紀子さまにどこかへ出かけていたのか尋ねたところ、この日の朝、悠仁さまと一緒に、皇居・大道《おおみち》庭園詰所を訪れ、新春用の「春飾り」と呼ばれる寄せ植えの盆栽飾りの作業の手伝いをしていた、と紀子さまは答えた。春飾りはウメの古木を中心にマツ、タケ、センリョウ、マンリョウなど縁起のよい草木を配置して作り、年末から新年にかけて宮殿や御所などに飾るものだ。庭園詰所を訪れるのは3年目とのことだった。

職員が作業をしているところを見学し、興味を持ち、自分でも作ってみたいと思った悠仁さまは、職員に教えてもらいながら作ったという。当時のメモによれば、悠仁さまは、その前年、前々年も、陶器の鉢に土、草木や苔を植栽し、宮邸に飾る春飾りを作った。その春飾りは新年に秋篠宮邸に飾ったという。

また、紀子さまと悠仁さまは、上皇ご夫妻（当時は天皇、皇后両陛下）や宮さまたちの食事を担当する宮内庁大膳課も訪れたこともある。悠仁さまは、調理場で、新年用の宮中料理が作られる過程を見学した。紀子さまと悠仁さまは作業、調理現場を訪れ、魚をさばいたり、和菓子を作ったりするところなどを見たが、宮内庁関係者によると、質問をしながら熱心に見学したことに現場の職員たちはとても感激した様子だったという。以上、当時の取材メモから紹介した。

小学校行事に参加したご夫妻のやりとり

また、２０１３年11月の秋篠宮さまの誕生日を前にした記者会見で、秋篠宮さまと紀子さまは、このようなやりとりをしている。終始、お互い振り向きながらのやりとりだった。
秋篠宮さま「私も長男の小学校の行事にいくつか、入学式を含めて出席いたしました。運動会であったり、それから長男の学年の行事、あれはなんと言いましたか」
紀子さま「（考えながら）この前いらした、秋祭りでしょうか」
秋篠宮さま「秋祭りですね。本当に短時間でしたけれども学校での様子を見てまいりました、今日も、学校全体の行事で、音楽会がありまして、１年生から6年生までが歌とか、なんというんですか」

紀子さま「楽器の演奏や……」

秋篠宮さま「楽器の演奏、劇のようなものをしたりする、それの一部を見学してまいりました。運動会のときにはかなり遠くから見ていましたので、実際のところ、息子がどこにいるのかはよく見えなかった。ただ、今日は場所も固定されていますし、子どもたちが出演する場所もそうあちこちに動くわけではありませんので、はっきりと見えまして、元気よく歌を歌っていました。また、先ほどの学年だけの行事（秋祭り）のときに、お友達とともに、これは、子どもたちが何か……」

紀子さま「（行事を思い起こしながら）お店を出す……」

秋篠宮さま「お店を出すんですね」

紀子さま「いろいろなグループに分かれて、準備をして……」

秋篠宮さま「そういう行事だったわけですが、お友達とともにいそいそと働いている様子を垣間見ることができました。（紀子さまを振り向いて）少し学校の行事について、様子について（と、紀子さまの答えをうながす）」

紀子さま「そうですね、秋祭りについて私たち2人とも学校に行って、子どもたちが出しているお店に行きましたところ、それぞれの店で笑顔で迎えてくれまして、たとえば、お店というのは遊ぶものがあったり、作るものがあったりしましたけれども、子どもたちがとても丁寧に優しく、〝こうやって作ります〟〝こうやって遊びます〟と教えてくれまして、私たちもとても楽しく過ごすことができました」

小学校卒業文集に寄せた「お茶小の六年間」

ここまでに紹介した紀子さまのご発言や、秋篠宮さまと紀子さまのやりとりには、「えらぶ」の時間とか、「あきみつけ」など、附属小学校独自の教育方法が出てきた。一般にはなじみが薄い言葉だが、附属小学校の授業には、ふんだんに取り入れられている。

悠仁さまが附属小学校の卒業文集に寄せた『お茶小の六年間　人は自然界の中で生きている』という作文にも、そんな様子が垣間見られる。長くはないので、全文を紹介したい。

《「お茶小の六年間　人は自然界の中で生きている」

秋篠宮　悠仁

お茶の水女子大学附属小学校で過ごした六年間、さまざまな思い出を作ることができました。そこで、印象に残ったことを少し振り返ってみたいと思います。

一年生のころ、毎日ライオン池で遊んだり、畑の植物や虫を観察したりして楽しみました。

そして、いくつかのテーマから自分の関心のあるものを決めて取り組む学習、「えらぶ」の時間に、春見つけ、秋見つけなど「きせつ見つけ」をしていたことをよく覚えています。これは、その季節で感じたことを絵や言葉で表します。例えば春の場合だと、サクラやオタマジャクシなどを探しました。校庭や大学キャンパスに出て春夏秋冬、それぞれの特徴を見つけていくことは、四季のある日本の自然を理解する上でも大事なことだと思います。

これが中学年や高学年になると、広い大学のキャンパスで、指定された野草や樹木を探すオリエンテーリング形式になります。低学年の「きせつ見つけ」と違って、それぞれの班で、それらがどこにあるのかを自分たちの記憶や勘を頼りにしながら、キャンパスの中を自由にまわります。したがって、みんながペースを合わせて行動し、協力することが大切です。また、時間制限もあるので、常にいろいろなことに集中していないといけません。そしてオリエンテーリングが終わると、先生から野草や樹木についての説明を受けます。私はこのような機会を通して、身近な自然と楽しくふれ合うことができました。

三年生以上になると、「えらぶ」は自学につながっていきます。「えらぶ」は、決められた時間内で課題を進めていきますが、「自学」では、一人一人が長い時間をかけて、自分が選んだ課題に取り組み、興味を深めていくことができます。

私は、「自学」で東京都の市町村について調べました。学校の図書コーナーで市町村が発行している副読本を読み、東京の歴史について書かれた本を用いて、各地域の歴史や特産物についてまとめました。自分の計画にそった資料を探し、調べたことをまとめていくためには時間がかかります。しかし、好きなテーマを調べ続けることができるので、多くの人たちにとって、また自分にとっても、とても楽しい時間でした。

「自学」では、四年生以上になると、クラス別の発表やテーマ別の交流があります。その時は、画用紙に内容をまとめたり、表を作ったりして、みんなが理解できるように工夫しました。友達の発表を聞き、話し合うことで、わかりやすく説明することの大切さを知りました。

この他にも、お茶小で楽しかった、よかったと思える素晴らしい時間がありました。緑が多く、自然が豊かな学校で、他学年の仲間と一緒にいろいろな課題に取り組み、学んだことで、新しいことに気づいたり考えたりしました。そして、自分の力になったと思うことがいくつもありました。お茶小で学んだことや体験したことをいかし、これからも自分が興味を持っていることを大事にしながら、過ごしていきたいと思っています》

自由でのびのび。先生が叱ることのない生活

附属小学校1年生の頃、いくつかのテーマの中から、自分の関心のあるものを決めて、取り組む学習がある。それが、「えらぶ」の時間という。その時間の中で、「春見つけ」や「秋

見つけ」などの「きせつ見つけ」をする。たとえば、春の季節には、サクラやオタマジャクシなどを探し、附属小学校の校庭だけではなく、広いお茶の水女子大学のキャンパスにも出かけて行き、春らしい、特徴のある植物や生き物などを探すらしい。前述した「オールお茶の水」体制という言葉を思い起こさせる学習指導だと思う。一つの大学構内に、幼稚園から小中高校、それに大学まであるお茶の水女子大学の強みといっていいだろう。

30代半ばになる男性会社員で、お茶の水女子大学附属幼稚園と附属小学校の卒業生から思い出話を聞くことができた。

附属幼稚園と附属小学校で過ごした時代が、悠仁さまよりも約20年前になる。「どれほど参考になるかわからないが……」と、前置きして彼は幼稚園生活の思い出を話してくれた。

「幼稚園時代の私は、屋外で遊ぶことが好きだったので、庭で遊ぶことが多かったが、絵を描くのが好きな友達は、教室で絵を描いて過ごしていました」「先生からは、アレをしなさいとか、コレをしたらとか言われないで、自由にのびのびと、縛られることがなく、毎日、楽しく遊んでいました」「中には、やんちゃな男子はいました。私たちは、先生から叱られたことはありませんでした」

これまでにもふれているが、のびのびとした幼稚園生活だったようだ。

悠仁さまが「一年生のころ、毎日ライオン池で遊んだり……」と、紹介した「ライオン池」

というのは、附属小学校の校庭にある人工池のことだ。本来は、壁面から水が出る仕組みだった。水の吐出口にライオンの顔のレリーフがあるので「ライオン池」と、子どもたちから呼ばれているそうだ。

今は、ろ過装置で水が循環していて、水生植物や小魚、カエルなどが生息している。ときどき、水鳥もやって来るらしい。また、ネコゼミジンコの一種やトンボの幼虫のヤゴ、それに植物プランクトンなど多様な生物相が見られるという。トンボをはじめ、生き物好きの悠仁さまが毎日、ライオン池に通った理由はどうやらこのあたりにありそうだ。

小学2年生、畑の中の悠仁さま

2014年春、悠仁さまは附属小学校の2年生となり、9月6日、8歳の誕生日を迎えた。宮内庁によると、学習内容が増え、授業時間が長くなった。総合学習の時間に「竹」についての学習の一つとして、タケノコ掘りを楽しんだ。音楽で、締め太鼓などを体験した。放課後は友達と鬼ごっこなどをしている。習い事で水泳に励んでいる。

秋篠宮邸の敷地にある畑で、悠仁さまはミニトマトや枝豆などの野菜作りに精を出す。「水まきは朝か、夕方なんだ」と話し、涼しい時間帯に水をやる。

「黄色いトマトのほうが赤いトマトより甘い」などと説明しながら収穫を楽しんでいる。

とりたての野菜はご一家の食卓にのぼることもあるらしい。相変わらず、虫探しが大好きで、山歩きもしている。宮内庁から誕生日用として発表された写真には、畑の中で笑顔を見せる悠仁さまが紹介されていた。

２０１４年11月25日に行われた秋篠宮さまの誕生日を前にした記者会見で、同席した紀子さまは、悠仁さまについて、「今年も成長を感じるさまざまな場面がありました」と、前置きしながら最近の様子などについて語っている。

先ほどふれた野菜栽培だが、３歳頃から、悠仁さまは野菜作りを手伝っている。以前は、収穫するのが楽しみだった。しかし、この頃は、畑の土壌を整え、種をまき、苗を植え、水をやり、雑草を取ることが楽しみとなってきた。土作りから収穫するまでの一連の作業に積極的に携わるようになってきたという。

「ちょっと畑に行って野菜を見てこよう」

「今度、何の野菜を植えようかなあ」

などと、家族にうれしそうに話し、紀子さまは、「何か大人のような雰囲気」を感じて微笑ましく思っているという。

寒い季節も半ソデ、半ズボン

学校生活では、２年生の友達と一緒に竹をテーマにした活動である「竹大作戦」に取り組んでいる。春の遠足で、タケノコを掘り、小さい刀を使ってひとりひとりが竹の箸を作った。夏には、竹を使って流しそうめんを楽しんだ。秋は、のこぎりを使って竹の皿を作った。保護者も手伝って、子どもたちでサンマを焼いて、その味を楽しんだ。そして、紀子さまはこう話した。

「(殿下を振り向いて) 先週でしょうか、私たちは学校の全校生徒が参加する音楽会を鑑賞いたしまして、そのときも2年生は竹をテーマとした舞台でした」

「それは竹取物語をベースにしてつくられた舞台で、生徒たちが力を合わせて見せてくれた、発表した舞台を見ることができてとてもよい思い出になりました」

また、紀子さまはこんな話もしている。

「今も寒くなってきてはいますが、校庭で休み時間や放課後遊びのときに、たくさんの子どもたちが遊んでいます。この前もちょっと校庭を見ましたら、休みの時間に子どもたちが元気に遊び回り、その中に半ソデ、半ズボン姿の長男の悠仁の姿を見つけ、頼もしく感じました」

天皇のあり方とは「象徴としてのあり方」

同じ日の記者会見では、記者から、「天皇のあり方についてのお考え」と、それを「悠仁さまにどのように伝えていくか」という質問もあった。これに対して、秋篠宮さまは次のように答えている。

「今の天皇陛下が即位20年のときの会見で話されているのでしょうか。象徴としての天皇のあり方を常に考えながら今まで過ごしてきたという趣旨のことを話されています」

「陛下も天皇に即位して、そういうことをずっと常に考えてこられたのだと思います。私がもし天皇のあり方についてということに答えるのであれば、やはり、象徴としての天皇というのは、いかなるものがふさわしいのかということを考える、そういうことにあるのではないかと思います……（中略）陛下が言われたことを長男に、そしてまた長女、次女にも伝えるということになります」

41年ぶりに生まれた男性皇族である悠仁さま。生まれた瞬間から「将来の天皇」としての宿命を背負わされている。父である秋篠宮さまの折々の誕生日会見でも、悠仁さまの成長ぶりやその教育方法などについて多くの質問が寄せられる。そこには、悠仁さまが、立派な天皇陛下となることを国民の多くが願い、期待しているという背景があるからだろう。

「弟に本読み聞かせゐたる夜は旅する母を思ひてねむる」

悠仁さまの二番目の姉である佳子さまは、２０１４年12月29日の誕生日で、20歳を迎え成年皇族となった。翌２０１５年1月14日には、新春恒例の宮中行事「歌会始の儀」に初めて参列した。この年のお題は、「本」で、佳子さまの歌は、

「弟に本読み聞かせゐたる夜は旅する母を思ひてねむる」

というものだった。２０１２年から２０１３年にかけて、姉の眞子さんは、英国に留学していた。秋篠宮ご夫妻が国内や海外の国々を訪問して留守の間、佳子さまは悠仁さまと2人っきりで過ごしたことがあったのだろう。こんな夜は、就寝する前、佳子さまは弟に本を読み聞かせる。そうしながら佳子さまは、仕事で遠くにいる母・紀子さまのことを思う……という情景を詠んだものだ。この歌からは、仲よし姉弟の姿がしっかりと伝わってくる。おそらくは、悠仁さま8歳の頃だろう。

２０１５年、秋篠宮ご夫妻は結婚25年を迎え

２０１５年6月29日、秋篠宮ご夫妻が結婚25年の銀婚式を迎えた。対話形式のユニークなご夫妻の感想の中で、秋篠宮さまは、悠仁さまがしばしば折り紙などの作品を、父親にプレ

ゼントしてくれることや、作品を受け取った年月日を付けて、飾ったり、大切に保存していることを明かしている。こんなやりとりだった。

秋篠宮さま「悠仁もしばしば折り紙などの作品を届けてくれます。上の子どもたちと同様、もらったものには年月日を付して、飾ったり、保存したりしています。最近は、絵も上手になってきましたね。自分が絵を描くことが下手なので言うわけではありませんが、何かを観察してそれを絵として表現できると旅をしたときの記録として意味が出てきますので、どんどん描いてほしいものです」

紀子さま「絵を描いたりするほかにも、切り紙をしたり、厚紙で入れものを作ったりしながら、いろいろなものを創り出すことを、悠仁は楽しんでいますね。私たちの手許には、子どもたちの小さいときからの作品がいくつもあります。どれも大事な宝物。普段なにげなく描いた絵から、本に登場する主人公や生き物などを描いたものが廊下の壁にかかり、折り紙やペーパークラフトが部屋に飾られています」

小学3年生の悠仁さまは、太鼓の達人？

附属小学校3年生の夏休みを利用して、この年2015年の7月、秋篠宮ご夫妻と悠仁さまは、山形県を訪れている。鳥海山の麓にある遊佐町《ゆざまち》の神社で、鎌倉時代頃から伝承される神楽「杉沢比山《すぎさわひやま》」を鑑賞した。神楽終了後、保存会のメンバーが太鼓を使って曲の一節を披露した。秋篠宮さまが太鼓演奏に挑戦したが、うまく演奏できず、悠仁さまが「そうじゃないよ」と代わって、見事に演奏した。周囲から拍手が起きたという。

ご一家は、鳥海山の伏流水が湧き出る川のほとりを散策した。湧水のため水温が低いですとの説明を受けた悠仁さまが川に手を入れて、「冷たい」と、自分で確かめる場面もあった。

２０２２年11月の誕生日会見で秋篠宮さまは、

「日本は本当に各地にさまざまな文化があります。そういうものを若いうちに実際にその場所を訪ねて、そこでそういうものに直《じか》にふれるということは、将来的にも非常に大事なことなのではないかなと思っております」

と、述べている。

こうした父親の思いや願いを小さい頃から悠仁さまに伝えたり、山形訪問のように、率先して、これを実行している。日本全国には、美しい自然や優れた文化や歴史、伝統が残されている。その上、勤勉で善良な多くの人たちが暮らしている。将来、天皇陛下となる悠仁さまが広く日本を知り、深く国民を理解することは、常に国民に寄り添い、いかなるときも国民と苦楽をともにするという天皇陛下の基本姿勢からも必要なことであろう。私も殿下の方針や考え方に大賛成だ。

昆虫好きが生息する環境への興味も増し

２０１５年9月6日、悠仁さまは9歳の誕生日を迎えた。宮内庁によると、小学3年生となって、理科と社会の授業が始まり、意欲的に取り組んでいるという。放課後は、友達と大好きな虫とりを楽しみ、虫を観察したあとは、自然に返すようにしている。休日は、昆虫の生息する環境が知りたいと、住まいのある赤坂御用地の小川や池などを見て回る。宮邸にある畑では、ジャガイモやインゲンマメなどを育て、自分で収穫したブルーベリーの実を家族や職員たちに配った。

２０１５年11月19日の秋篠宮さまの誕生日会見で50歳を前にした宮さまは、戦後70年の節目にあたり、悠仁さまが戦争関連の企画展を訪れたことを紹介し、次のように話した。

「昆虫好きは相変わらず続いています。ただ少し昨年までと違うのかなと思うのは、虫そのものもそうなのですが、それが生息している環境に興味を持つようになってきています。たとえば、どういう環境のところで、自分の関心がある種類が生息しているのかとか、そういう環境を、自宅の庭で再現できないかとかですね、これはビオトープ的なことだと思うのですが、そういうことを考えるようになったりしています」

悠仁さまは、新たな興味を持つようになったという。紀子さまによれば、田んぼの生き物などにも興味を持つようになり、昆虫の採集や飼育をするだけではなく、生き物が暮らす環境にも関心を向けている。

たとえば、第1章でもふれたが、トンボやホタルなどが棲みやすい場所や好む環境をつくりたいと、自分の家の庭や御用地内を歩いて植生などを確めたり、小川のところでは、水の流れを止めないように枯れ葉や小さな枝を取り除く作業もしている。

文字にも興味を持つようになった。旅行先などで地図を見るのが好きで、書かれている漢字の地名を調べたり、漢字の辞書に載っている旧漢字を覚えたりしている。また、世界の文字の絵本を見ながら、真似をして書いてみたりする。悠仁さまは、知らない文字がわかるようになったり、書けるようになることがおもしろいようだ。

学校生活では、この年もさまざまな活動に参加している。春には遠足があり、公園探検や学校での宿泊もあった。そこでは子どもたちがグループに分かれて、自分たちで計画を立て、係を決め、協力して行動した。

「達成できたことや計画どおりいかなかったことなど活動の内容を振り返り、次の活動へつなげていく大切さを友達と一緒に学んだようです」

と、紀子さまは話した。このように、身近にいる母親の観察は具体的で、かつ的確である。悠仁さまの成長をじつによく理解できる。

小4の夏、上皇さまが退位メッセージを

悠仁さまが附属小学校4年、9歳の夏のことだった。2016年8月8日、上皇さま（当時は天皇陛下）は、「社会の高齢化が進む中、天皇もまた高齢となった場合、どのようなあり方が望ましいか」についての考えを、国民に向けたビデオメッセージという形で発表した。いわゆる「象徴としてのお務めについての天皇陛下のおことば」である。

当時、82歳の上皇さまは、数年前から高齢による体力面のさまざまな制約を覚え、「次第に進む身体の衰えを考慮するとき、これまでのように、全身全霊をもって象徴の務めを果たしていくことが、難しくなるのではないかと案じています」

そう語り、終身天皇を前提とする制度の問題点にふれ、生前退位の意向を示唆した。

当時の安倍晋三首相は、上皇さまのおことばを、「重く受け止める」と述べ、政府は法律整備に向け議論を進めることとなった。天皇という立場上、現行の皇室制度に具体的にふれることは控えるとした上で、上皇さまはビデオメッセージで約10分間にわたり個人的な考えを述べた。

翌8月9日の読売新聞は、朝刊の社説で「生前退位の意思を抱いておられる陛下が、ビデオメッセージという異例の形で自身の考えを語られた」「天皇陛下の思いを真摯に受け止め、

象徴天皇の在り方を幅広く議論する契機としたい」などと、好意的に書いている。

悠仁さまにとり、このことはとても大きな出来事だった。当時、悠仁さまは、皇太子さまや父、秋篠宮さまに次いで、皇位継承順位は第3位だった。その後、上皇さまの生前退位が認められ、秋篠宮さまは皇位継承順位が第1位の皇嗣となり、悠仁さまは第2位となった。秋篠宮ご一家はもちろんのこと、このビデオメッセージを重く受け止めた。

「象徴とは」をずっと考えてきた上皇さま

「当日は家族全員でその時間テレビで流れた映像を見ました」

と、2016年11月22日に行われた誕生日会見で秋篠宮さまは振り返り、上皇さまが生前退位の意向を示唆したことについて、次のように賛同していた。

「かなり以前のことだったと思います。また、どのような形というのも、何かあるときそういう機会をもって話をうかがうということではなく、折々にそういう考えがあるということをうかがっておりました。……（中略）即位されてから、陛下は象徴というのはどのようにあるべきかということをずっと考えてこられてきたわけです。その一方で、ご自身が考えている象徴としてのお務めが、高齢になってそれが果たせなくなるときがくるだろうということも考えておられました。そのようなことから今回のお話になったわけですが、そのお気持ちをできるだけ多くの国民にも知ってもらいたいという考えを持っておられました」

そして、秋篠宮さまはこのように続けた。

「私自身としては、長い間考えてこられたことをきちんとした形で示すことができた、これは大変よかったことだと思いますし、話されるにしてもさまざまな制限がある中で、最大限にご自身の考えを伝えられたのではないかと考えております」

上皇さまの「おことば」こそ最良の「帝王教育」

私自身は、現在の上皇さまが当時述べられた「象徴としてのお務めについての天皇陛下のおことば」の次の箇所に強い関心を持った。

「即位以来、私は国事行為を行うとともに、日本国憲法下で象徴と位置づけられた天皇の望ましいあり方を、日々模索しつつ過ごしてきました。伝統の継承者として、これを守り続ける責任に深く思いを致し、さらに日々新たになる日本と世界の中にあって、日本の皇室が、いかに伝統を現代に生かし、いきいきとして社会に内在し、人々の期待に応えていくかを考えつつ、今日に至っています」

「私が天皇の位についてから、ほぼ28年、この間《かん》私は、わが国における多くの喜びのとき、また悲しみのときを、人々とともに過ごしてきました。私はこれまで天皇の務めとして、何よりもまず国民の安寧と幸せを祈ることを大切に考えてきましたが、同時に事にあたっては、ときとして人々の傍らに立ち、その声に耳を傾け、思いに寄り添うことも大切なことと考えてきました。天皇が象徴であるとともに、国民統合の象徴としての役割を果たすためには、天皇が国民に、天皇という象徴の立場への理解を求めるとともに、天皇もまた、自らのありように深く心し、国民に対する理解を深め、常に国民とともにある自覚を自らの内に育てる必要を感じてきました。

こうした意味において、日本の各地、とりわけ遠隔の地や島々への旅も、私は天皇の象徴的行為として、大切なものと感じてきました。皇太子の時代も含め、これまで私が皇后とともに行ってきたほぼ全国に及ぶ旅は、国内のどこにおいても、その地域を愛し、その共同体を地道に支える市井の人々のあることを私に認識させ、私がこの認識をもって、天皇として大切な、国民を思い、国民のために祈るという務めを、人々への深い信頼と敬愛をもってなし得たことは、幸せなことでした」

この「おことば」は、悠仁さまにとって最良の「帝王教育の教科書」であると、私は信じてやまない。なぜなら、長年の経験に裏打ちされたその一語、一語の持つ意味はとても深く、味わい深い。上皇さまは、「象徴とは何か」を一日も休むことなく、自らに問い続けてきた。その長く、重い旅路でつかんだ答えがここに表れている。

そして、何よりも、「これまでのように、全身全霊をもって象徴の務めを果たしていくことが、難しくなるのではないかと案じています」という一文に、私は強く心を打たれた。

上皇さまが昭和天皇の長男として生まれてから82年間の皇族、皇太子、そして天皇としての歩みのすべてが、「おことば」に凝縮されている。

成年皇族となった悠仁さまは、繰り返し、繰り返しこの文書を味わい、「全身全霊をもって象徴の務めを果たしてきた」上皇さまの魂の告白から多くのものを学んでもらいたい。

地図好きと「自主学習」への取り組み

上皇さまが生前退位の意向を示唆したビデオメッセージの余韻が続く2016年9月6日、悠仁さまは10歳の誕生日を迎えた。

宮内庁によると、小学4年生となり、授業時間が増えた。さらに、自分でテーマを決めて進める「自主学習」の授業が本格化し、悠仁さまは、東京都内各市町村の地形や特徴を地図帳などで熱心に調べた。前述した作文でも、

《「自学」で東京都の市町村について調べました。学校の図書コーナーで市町村が発行して

いる副読本を読み、東京の歴史について書かれた本を用いて、各地域の歴史や特産物についてまとめました。自分の計画にそった資料を探し、調べたことをまとめていくためには時間がかかります。しかし、好きなテーマを調べ続けることができるので、多くの人たちにとって、また自分にとっても、とても楽しい時間でした》

と、綴っていた。社会の授業では、秋篠宮邸の周辺を歩いて、地域の様子を紙芝居にまとめて発表した。

校外学習や運動会の応援などで下級生の世話をする機会も増えた。

そして、夏休み期間中の8月、秋篠宮ご夫妻と悠仁さまは、新潟県津南町を訪れた。豪雪地帯の生活や文化、歴史などにふれ、3人は粘土や雲母を採取して土器作りにも挑戦した。

宮邸の庭で始めた水田作り

この前年2015年秋から、秋篠宮ご一家は宮邸の庭で水田作りを始めた。悠仁さまは、地面の掘り起こしや、畦《あぜ》塗り、田植えなどを手伝ったという。そもそも水田作りは、「生き物が集まる環境をつくりたい」との悠仁さまの発案でスタートし、水田にはメダカやヤゴを放し、水路の手入れなども悠仁さまが自分で取り組んだ。

2016年11月22日に行われた秋篠宮さまの誕生日会見で同席した紀子さまは、小学4年生の悠仁さまの近況などについて紹介している。

「長男の悠仁は、早くも10歳になりました。誕生してからだんだんに成長して、今は自分で考えて行動するようになり、少年になったと感じております」

「小さいときから昆虫に関心を持っていた長男は、さまざまな生き物が暮らせる環境をつくりたいと考えるようになって、お米作りをよく知っている方から教えていただき、小さな田んぼを作り始めました」

春には、「今度の休みの日に田植えをするから、9時半頃に来てね」と、悠仁さまは家族を誘ってくれる。当日午前9時半頃、紀子さまたちが指定された場所に行くと、悠仁さまはすでに準備をして待っているのだという。幼稚園生の頃は、紀子さまが悠仁さまに「そろそろ幼稚園に行く時間ですよ」と言っていたが、小学4年生となった悠仁さまは、「もうじき稲の収穫時期だから、そのときにまた手伝ってね」などと話し、すっかり立場が逆転している様子だ。

さまざまな可能性が育っていくように願い

そして、紀子さまは発言をこう締めくくった。

「学校では、生徒がお互いの話に耳を傾けながら自分の意見を述べていくという時間があります。家でも、娘たちが話しているときにそばで〝うん。うん。そう思う〟と相づちを打ったり、また〝それはこう思うよ〟と自分の考えを述べたりするようになりました。……（中略）昔の暮らし、そして、とくに昔の子どもたちの学校生活や遊びについても関心を持っています。私たちの小学校時代のことを聞いてくることもあります。たとえば、給食はどのようなものだったとか、いろいろとあります」

「それから、今後のことにつきましては、長男の成長を見守り、丁寧に見極めつつ、よく話し合って柔軟に考えてまいりたいと思います。これからも、学校の学びや経験を大事にしながら、人との関わり合いの中で、相手の気持ちを思ったり、自然の中で体験をしたりなどを通して、さまざまな可能性が育っていくように願っております」

国内のいろいろな文化にふれる機会を

また、同じ２０１６年秋の記者会見で秋篠宮さまは、悠仁さまの別の一面を紹介した。

「長男は、彼が知らない時代、少し前の時代の人々の暮らしとか道具とか、そういうものにも関心があるようで、よくそのことについて私に聞きに来ることがあります」

「写真機などはデジタルの時代です。スチールもそうですし、ムービーもそうですけれども、ただそうすると今度はフィルムの頃のことに関心が出てきているようで、それで私も若い頃そういうのを好きだったもので、実物も持っていますので、そういうものを見せながら、たとえば今であればかなり長時間映像を撮ることができるけれども、昔だったら家庭で使うものが本当に3分くらいしか撮れなくて、それをつなぎ合わせて編集してという、そういう作業をして一本のストーリーにしたんだというようなことを、実際にやるわけではないですけれども、昔のものを見せながら話をするなど、そういうことがずいぶん増えてきたように思います」

また、記者からは、皇位継承者として悠仁さまの立場が注目されている中で、これから学び経験してほしいことなどの質問もあった。秋篠宮さまはこう答えていた。

「できれば長男にも、もちろん海外も大事ですが、日本の国内のいろいろなその文化にふれる機会を持ってもらえたらいいなと思いますし、またそれも含めて、幅広い事柄に関心を寄せてくれたらと思っております」

また、上皇さま（当時は天皇陛下）から、「きちんとした社会生活を送れるような子になってほしいと、それがまず第一だ」と、このように言われたことがあると秋篠宮さまは紹介した。

小5の夏、紀子さまと一緒に小笠原諸島へ

一つの時代が終わり、新しい時代が幕を開けようとしていた。
２０１７年6月9日、天皇陛下の退位を実現する特例法が参議院本会議で可決、成立した。崩御によらない代替わりは１８１７年の光格天皇の退位以来、約２００年ぶりとなる。この年の12月1日、皇族や三権の長らでつくる皇室会議（議長、安倍晋三首相）が開かれ、天皇陛下は２０１９年4月30日、退位すべきとの意見をまとめた。これを受け政府は、２０１９年4月30日に陛下は退位し、5月1日の皇太子さまの即位と同時に改元する日程を固めた。

こうしたあわただしい動きの中、２０１７年9月6日、お茶の水女子大学附属小学校5年生の悠仁さまは11歳の誕生日を迎えた。5年生となって家庭科と外国語活動の授業が加わった。調理や裁縫、英語でのあいさつなども学んでいる。悠仁さまは栽培委員として、花の植え替えや花壇の水やりもしている。夏休み中、花の世話で登校したという。

5月に開催された運動会では、障害物リレーや大玉送りなどに出場した。上級生として、大会の準備や後片付けにも積極的に取り組んだ。校外学習で、東京・両国国技館を訪問し、大相撲を観戦し、ちゃんこ鍋も食べたそうだ。

夏休みには親子3人で、滋賀県を訪れ、高島市で伝統ある筆作りや昔ながらの暮らしぶり

を見学した。琵琶湖周辺の生活や文化にもふれている。また、悠仁さまは紀子さまと一緒に、小笠原諸島へ旅行した。秋篠宮さまが前年の記者会見で述べた悠仁さまへの希望である、「日本の国内のいろいろなその文化にふれる機会を持ってもらえたら……」を実践されているようだった。2015年から始めた水田での米作りは、その後も続けている。この年の8月末に稲刈りをした。夏野菜作りにも熱心に取り組んでいるという。

小5で、トンボの種類の記録を始めた悠仁さま

2017年11月22日、秋篠宮さまは52歳を迎える前に、誕生日会見に臨んだ。「天皇の退位等に関する皇室典範特例法」が成立、公布され上皇さま（当時は天皇陛下）の退位がつつがなく決まったことに殿下は、安心したようで、次のように語っている。

「この6月にその法案が通って、それで公布されたことをですね、私たち家族はそのことについて一様に安堵しております」

「今まで80を過ぎても非常に多くの務めをしてこられました。譲位をされたあとは、できるだけゆったりとした時間を過ごしていただきたいと私は思います」

また、この会見で紀子さまは、悠仁さまの最近の様子などについて次のように紹介した。

「学校の様子ですが、5年生の授業では、家庭科が新しく加わりました。授業の学びや裁縫、

調理実習なども、ともに楽しんでいるようです。また、同じように5年生は、委員会が始まり、飼育・栽培委員の活動、それから運動会の準備や片付けなど、高学年のひとりとして自分の役割を考えながら取り組んでいるようです。先月は授業参観があり、音楽の授業の様子をお伝えします。子どもたちが音楽会に向けて、合唱や合奏の練習を熱心に行っていました。長男が担当する楽器はトーンチャイムと呼ばれているもので、（少し考えながら記者に尋ねるように）ご存じでしょうか。細長い楽器を手に持って、その楽器を前に出しながら音を鳴らしていくものですが、その楽器を担当している仲間たちと一緒にその音色を聴き合いながら、音楽を創り出していまして、その練習風景を見ることができました」

　そして、紀子さまはこう続けた。

「家での様子ですが、小さいときから行っている野菜作りや昆虫の飼育などを今も続けています。〝どうしてこうなるのかな〟〝こうしたらいいかな〟など考えながら、取り組んでいることがよく見られ、〝こう工夫するといいかな〟と言葉にしたり、またよく知っている人に話を聞いたり、また調べたり、そうした経験を重ねながら育て方やコツがわかってきているようです。今年の夏はとくにトンボの生態についてもっと知りたいと、ここの近くの大きな池に同じ時間帯に出かけられるときに行って飛んでいるトンボの種類を記録していました。今年の夏に家族で滋賀県の琵琶湖周辺や、また小笠原諸島にも旅行しました」

海外に行き、そこから日本を見てほしい

秋篠宮さまは、このように締めくくった。

「長男にはできるだけ日本のさまざまな地域に自分で行ってみて、それでその土地土地の文化であったりとか、生活の習慣であったりとか、そういうものを実際に見て、そしてその土地の人から話を聞いて、理解を深めてもらいたいなと思っています」

ここ数年の記者会見で繰り返し述べてこられた言葉でもあるが、秋篠宮さまはその「理由」についてもこの日、次のように言及していた。

「そのことが何かのときに、何かのときというのは何かの仕事のときに役に立っているということを経験していますので、やはり是非、日本の中にあるさまざまな文化を感じてほしいと思います。もちろん機会があれば海外にも行って、そこからまた日本を見るということも大事だと思いますし、日本との違いであったり、また、非常に近い、似ているところであったり、そういう機会も持つことができればいいのではないかと思っております」

日本各地を回り、人々と肌でふれ合う。外国に出かける。海外から日本を見て、その違いに気づいたり、日本のよさを再発見することがとても大切だ。若い頃から、日本や外国を見て回ってもらいたいと、繰り返し秋篠宮さまは悠仁さまたちに勧めているが、それはまっと

うな意見だと思う。

小6の悠仁さま。進路のことが話題に

２０１９年４月30日の「生前退位」、そして、５月１日の「令和」のスタートという新時代に向けた動きが加速する中、２０１８年春、悠仁さまはお茶の水女子大学附属小学校６年生に進級した。

世間では、悠仁さまの進路が話題となり始めていた。お茶の水女子大学附属高等学校は女子校で、男女共学ではない。男子は附属高等学校へ内部進学できず、他の高校を受験しなければならない。それを見越して、附属小学校から中学校受験をして、他の有名私立中学校などに進む児童が少なくない。

そのため、悠仁さまも他の私立中学校などの受験が視野にあるのか、それとも、このまま、お茶の水女子大学附属中学校に内部進学するのか――と、一部メディアの間でさまざまな観測記事が流れていた。

２０１８年9月6日の誕生日で12歳となったが、宮内庁によると、悠仁さまは6年生になってから一日も休まないで登校しているという。最上級生として下級生の面倒を見る機会が増えた。放課後には、手打ち野球を楽しんでいる。

8月に林間学校があり、福島県の裏磐梯《うらばんだい》高原の湿原をトレッキングした。夏休み中は、火山や地震、戦争をテーマに各地を巡っている。広島市では原爆の慰霊碑に拝礼したあと、被爆者から体験した話を聞いた。新潟県糸魚川市の博物館で、火山噴火の仕組みなどを学び、周辺の断層を見学した。宮邸では、トマトやオクラなどの野菜を、土の状態や肥料の種類などにも気を遣いながら育てている。

上皇ご夫妻が築いた家庭への感謝

毎年、恒例となっている秋篠宮さまの誕生日会見だが、53歳を迎える前の会見は2018年11月22日に行われた。そこで、2019年5月1日に迫った代替わりとその後の新しい公的な活動の取り組みなどについて、秋篠宮さまはこのように説明している。

「来年の5月以降、今まで皇太子殿下が行ってきたものというのが、今度は天皇になられると、それをあわせてするということはできなくなります」

「私も自分で行っていることがあります。総裁とか名誉総裁をしているものもあります。それらをそっくり誰かに今度は譲る、引き渡すということ、これも、それを受ける先はありません。そのようなことから、今、宮内庁として考えていることは、いったんすべて皇太子殿下のお仕事を宮内庁のほうで引き取って、それを整理をして、それで次に私がどのものをその後、行っていくか、というのを検討しているところです」

また、退位する上皇ご夫妻への思いを記者から重ねて尋ねられた宮さまは、次のように答えている。

「即位以来、象徴とはどのようにあるべきかという、その象徴としてのあり方について、常に模索し考えてこられ、そして、一昨年（2016年）の8月に、今のお気持ちというものを表明されましたが、その中に全身全霊という言葉がありました。まさしく、その全身全霊でお務めを果たしてこられたと、私は思います」

これまでにも記してきたことだが、上皇さまは「象徴とはどのようにあるべきかという、その象徴としてのあり方について、常に模索し考えてこられた」と、秋篠宮さまは話す。その果実の一つが、あの上皇さまのビデオメッセージである。悠仁さまがこれから一生涯をかけて、じっくりと味わい、実践すべき内容だと言える。そして、秋篠宮さまは上皇さまを支えてきた母、上皇后美智子さま（当時は皇后陛下）への思いも打ち明けた。

「皇后陛下は、その陛下のお務め、それから立場を重んじ、さらに宮中に伝わる伝統を守り継承してゆくことに心を砕かれながら、ご結婚以来、非常に長い期間、60年近くにわたって陛下を支えてこられました。これはなかなかできることではない」

とした上で、さらに、次男という立場での感謝の気持ちをこう伝えている。

「二十何年、一緒に過ごしていましたからですけれども、常に笑いのある、そういう温かい家庭を築いてくださいました。そのことに感謝したいと思います」

広島に行きたい――との希望から

悠仁さまはこの年、2018年の夏休み、自主的に被爆地・広島を訪問したが両親はこれを、悠仁さまの成長の証しとしてとても喜んでいた。秋篠宮ご夫妻のその年の記者会見でのやりとりはこのようなものだった。

秋篠宮さま「本人自身が是非広島に行きたいという希望を持って、それで、家内と一緒に行ったわけですね。そのように、かなり自主的に動くということをするようになってきたと思いますし、自分の意見もはっきり言うようになったなという印象は私にもあります」

そして、「人のことを思いやる気持ちというのは、以前よりも増してきたなと思います」とも付け加えた。

紀子さま「7月に入ってからでしょうか、（長男は）この課題をどのように進めていこうかと、自分で考え、広島はいつか機会があったときに家族で訪れることを考えておりましたが、今年の夏ということはとくに予定しておりませんでしたが、長男が、できれば（この夏に）広島を訪れて、資料館や関係者から話を聞いてみたいとのことだったのでまいりました」

悠仁さまの存在が、家庭に安らぎとうるおいを

紀子さまによると、悠仁さまは授業で学んだ料理やほかにもいろいろな料理を作ってくれるという。紀子さまたちが、素直に、「とってもおいしい」「これはどうやって作ったのかしら」と、尋ねると、悠仁さまは、本当にうれしそうに、この食材とこの調味料を使って作ったんだよ、と答えるらしい。また、自宅で野菜作りをしているので、そうした野菜を取り入れたり、紀子さまたちがリクエストをすると、それに応えて料理を作ってくれる。

紀子さまの話を続ける。今後の進路指導についても学校でいろいろな取り組みがあるらしい。５年生のときには、附属小学校の卒業生である大学生たちが小学校を訪ねて来て、自分たちが進路に対してどう考えたかとか、進んだ中学校や高校、大学で、どういう生活をしていたかなどを、後輩たちに話してくれたという。そのとき、小学生たちは、卒業生である、自分たちの先輩にいろいろな質問をし、それに対して兄さん、姉さんたちが丁寧に答えてくれたことがあるそうだ。

悠仁さまは、中学校でどのようなことを学びたいのか、どのような活動をしたいのかなど、いろいろ考えているらしく、紀子さまはこう話していた。

「これからも長男の語る言葉に耳を傾けて、思いや気持ちを大事に受け止められるよう、成

長を見守っていきたいと思っています」

こうして、悠仁さまの成長の様子を振り返ってみると、悠仁さまが立派な皇位継承者に育ち、国民や皇室にとってとても満足であろうということにとどまらず、秋篠宮家の家族にとっても、家庭に安らぎとうるおいを与える悠仁さまの存在は、大きな意味を持つものだということがとてもよく、理解できる。

第６章

青春ど真ん中

中学では卓球部、高校ではバドミントン部、
そしてトンボ類への強い関心

「平成」から「令和」へ。お茶中に進学

「ここに皇位を継承しました。この身に負った重責を思うと粛然たる思いがします。……（中略）歴代の天皇のなさりようを心にとどめ、自己の研鑽《けんさん》に励むとともに、常に国民を思い、国民に寄り添いながら、憲法にのっとり、日本国及び日本国民統合の象徴としての責務を果たすことを誓い、国民の幸せと国の一層の発展、そして世界の平和を切に希望します」

２０１９年5月1日午前0時、第１２６代天皇が即位し、同じ時刻に「令和」がスタートした。新天皇はこの日午前、皇居・宮殿で皇位継承の初めての儀式である「剣璽等承継の儀《けんじとうしょうけいのぎ》」に臨み、皇位の証しとして伝わる剣や勾玉《まがたま》などを受け継いだ。続いて、「即位後朝見の儀」で、国民の代表と会い、天皇陛下は前述のおことばを述べた。

「即位後朝見の儀」では、中央の壇上に新天皇、皇后両陛下が並んだ。皇后さまは白いロングドレスに勲章をつけ、頭にはティアラが輝いた。秋篠宮ご夫妻、眞子さん、佳子さま姉妹ら成年の皇族方が参列した。

「令和」のスタートは、秋篠宮ご一家にとっても新しい挑戦の始まりでもある。お茶の水女子大学附属中学校に進学したばかりの新1年生、悠仁さまは即位した伯父、天皇陛下の晴れの姿をどのような思いで見つめていたのだろう。

新天皇が即位した1カ月前の２０１９年4月1日午前、政府は臨時閣議で新しい元号を「令和」と、決定した。万葉集の文言から引用したが、元号で日本の古典（国書）が出典となるのは初めてのことだという。安倍晋三首相（当時）は、「令和」について、「人々が美しく心を寄せ合う中で、文化が生まれ育つという意味が込められている」と、説明した。

また、２０１９年10月22日、天皇陛下が即位を内外に宣言する国の儀式「即位礼正殿の儀」が、皇居・宮殿で行われた。皇位継承にともなう「即位の礼」の中心儀式で、１８６カ国や国際機関、各界の代表ら計約２０００人が参列した。陛下は、天皇が重要な儀式で着る装束姿で高御座《たかみくら》に、皇后さまは十二単姿で御帳台《みちょうだい》にそれぞれ昇った。陛下はおことばを述べ、「国民の幸せと世界の平和を常に願い、国民に寄り添いながら、憲法にのっとり、日本国及び日本国民統合の象徴としての務めを果たすことを誓います」などと、決意を示した。儀式には、秋篠宮ご夫妻や、眞子さん、佳子さまら皇族方が伝統装束の姿で参列した。

この年の11月14日夕方から、15日未明にかけて、皇居・東御苑で皇位継承儀式「大嘗祭《だいじょうさい》」の中心儀式「大嘗宮の儀《だいじょうきゅう》」が行われた。天皇陛下は、神々に新穀を備えて、五穀豊穣と国家の安寧を祈った。

充実した中学校生活を送りたい

２０１９年、皇位継承の重要な儀式が次々と行われていく中で、悠仁さまも一つの節目を迎えていた。その年の2月4日、宮内庁は、悠仁さまが内部進学の試験に合格し、お茶の水女子大学附属中学校に進学する、と発表した。戦後、皇族が学習院以外の中学校に進学するのは初めてだという。

２０１９年3月15日、悠仁さまはお茶の水女子大学附属小学校の卒業式に出席した。午前10時から、大学の講堂で卒業式が行われた。紺色の制服姿の悠仁さまは、「秋篠宮悠仁」と、名前を呼ばれると、「はい」と、大きな声で返事をして壇上に上がり、校長から卒業証書を受け取った。保護者席では秋篠宮ご夫妻が見守った。式終了後、３人は中庭で記念撮影に応じた。「おめでとうございます」との声がけに、「ありがとうございます」と、笑顔で答えていた。ご夫妻は「よき友人たちや教職員の方々にも恵まれて、楽しく充実した学校生活を送ったように思います」との感想を出した。

２０１９年4月8日、悠仁さまは、お茶の水女子大学附属中学校の入学式に出席した。付き添いの秋篠宮ご夫妻と取材に応じた悠仁さまは、「充実した中学校生活を送りたいと思います」と、やや緊張した表情で語っていた。

中１の夏、初めての海外はブータン

お茶の水女子大学附属中学校の前身、東京女子師範学校附属高等女学校は１８８２年（明治15年）に創設された。戦後、１９４７年の学制改革により分離独立し、男女共学の附属中学校として発足した。「自主自律の精神を持ち、広い視野に立って行動する生徒を育成する」ことを教育目標としている。生徒数は、一般学級３０６人、帰国学級29人（２０２４年４月1日現在）と、なっている。

新学期早々、４月26日正午頃、お茶の水女子大学附属中学校の悠仁さまの机の上に、包丁2本が置かれるという事件が起きた。当時、悠仁さまのクラスは教室外で授業をしていて教室は無人だった。その後、警視庁は住所・職業不詳の56歳の男を建造物侵入容疑で逮捕した。

２０１９年8月、夏休みを利用して悠仁さまは、秋篠宮ご夫妻とともにブータンを私的に訪問した。悠仁さまの海外旅行は初めてだった。8月17日、秋篠宮ご夫妻と悠仁さまは、ブータンに到着した。危機管理上の理由で、皇位継承順位第1位の秋篠宮さまと、第2位の悠仁さまは別々の民間機を利用した。8月19日、３人は首都ティンプーでワンチュク国王夫妻を表敬訪問。ご夫妻と羽織袴姿の悠仁さまは、国王夫妻と懇談し、近くの王宮で昼食をともにした。その後、3人は、国立弓技場を訪れ、ブータン式弓術を見学し、悠仁さまと秋篠宮さまは、ブータン式弓術を体験した。悠仁さまは、弓を持ち、見事に矢を遠くまで飛ばした。

また、ご一家はラバ（ミュー）に乗って、標高3500メートルの高地に登った。悠仁さまは報道陣に対し、滞在中、楽しかったこととして、「ミューに乗って山に上がったこと」をあげた。

「木とか草とか、（日本と）すごく似ている感じがします」

と、話した。

この年の9月の誕生日に際しての紀子さまの文書回答は、次のようなものだった。

「ブータンでは、国王王妃両陛下、4代国王陛下・王妃陛下方をはじめ、王族の方々より、大層あたたかくお迎えいただきました。訪れた先々で、長男は人々との出会いを大事にしている様子が感じられ、首都ティンプーやパロの博物館や寺院、弓技場、学校などでのお話を興味深く聞き、英語での説明も懸命に理解しようとしていました。そして、標高3500メートルにあるジェラでの牧畜の様子や、標高1300メートルにある古都のプナカにおける農業にもふれ、ブータンの自然や文化を全身で感じたように思います」

少しばかり大人びた雰囲気になったな

２０１９年9月6日、悠仁さまは、13歳の誕生日を迎えた。宮内庁によると、附属中学校入学後、悠仁さまは、一日も休まないで登校している。6月の運動会では、50メートル障害走とミニムカデ競走に出場した。１泊２日の宿泊行事では、同級生と助け合い、集団生活のマナーを学んだ。

２０１９年11月20日、秋篠宮さまの54歳の誕生日を前に記者会見が行われ、秋篠宮さまがひとりで会見した。「令和」となり皇位継承順位第1位の皇嗣になった気持ちを尋ねられ、

「やはり人間も少しずつ進歩していくということは大事なことだと思います。そのような気持ちで一つ一つ進めていければよいなと思っております」

と語っている。新しい皇室像については、

「国民と苦楽をともにし国民の幸せを願いつつ務めを果たしていく、これはやはり基本にあることだと私は考えております。それを基本として、また時代によって要請も変わってきます。ですからその時代時代に即したあり方というのは、常に考えていかなければいけないと思っています。それとともにやはり皇室の中に古くから伝わっているものもあります。それの中でもやはり大事なものというのはいろいろありますので、そういうものは引き続き残し

ていくということが必要ではないかなと思っております」

などと答えている。また、ブータン旅行など、悠仁さまの近況については、

「この4月に小学校を卒業して中学校に入りました。不思議なもので、着ているものの違いもあるんでしょうかね、なんとなく、少しばかり大人びた雰囲気になったなという感じがします。実際、この夏にブータンに一緒に行きましたときにも、本人なりにいろいろなものを吸収しようという感じを示していて、そのことを私は大変うれしく思いながら見ておりました」

と、述べ、国内や外国を旅行することの大切さを次のように強調した。

「海外に行ったときに、これは私の経験でもそうなんですけれども、向こうの人と話をしているときに、日本のことをやっぱり知りたがる人がいるんですね。そのときにちょっとおもしろい、興味深そうなことを話すことができます。

そういう点でも、いろいろなところに行って、実際に見て、話を聞くということをしてほしいなと思っています」

初めての海外訪問となったブータンへの旅は悠仁さまにとり、一つの転機となったかもしれない。

中学生となり、たくましく成長する悠仁さまを、家族はとても頼もしく感じている。

コロナ禍の「立皇嗣の礼」

日本が新しい時代「令和」となった翌年２０２０年、世界は経験したことのない危機に直面した。私たちにとっても初めて経験するような国家的な危機だったが、それは、悠仁さまが中学2年生に進級する直前のタイミングで起きた――。

２０２０年、新型コロナウイルスが世界的な規模で感染拡大した。3月11日、世界保健機関（ＷＨＯ）のテドロス事務局長はスイス・ジュネーブで記者会見し、「パンデミック（感染の大流行）とみなすことができる」と、表明した。感染者は世界の１１０カ国・地域以上で計11万８０００人を超えたと説明し、そして、事務局長は「中国以外での感染者数は過去2週間で13倍に増えた。今後、感染者や死者、影響を受ける国はさらに増えることが予想される」との見通しを示した。

3月24日夜、安倍晋三首相は、国際オリンピック委員会（ＩＯＣ）のトーマス・バッハ会長と電話会談し、新型コロナウイルスの世界的な規模での感染拡大を受け、この年の夏に開催を予定していた東京五輪・パラリンピックを1年程度延期するように提案した。バッハ会長はこれを受け入れ、両氏は２０２１年夏までに東京大会を開催することで合意した。

新型コロナウイルス感染拡大の猛威は、もちろん皇室にも及んだ。

新天皇の即位にともない、秋篠宮さまが皇位継承順位第1位の皇嗣となったが、このことを内外に伝える国の儀式「立皇嗣の礼《りっこうし》」は、当初予定していた2020年4月から半年以上延期され、11月8日、皇居・宮殿で行われた。中心儀式の「立皇嗣宣明の儀」は、参列者数を制限し、天皇、皇后両陛下と秋篠宮ご夫妻、それに「寿詞《よごと》」を述べる菅義偉首相（当時）以外は、皇族を含めて全員がマスクを着用した。

さらに、参列者は約1・5メートルの間隔を開けて並び、部屋の扉や障子を開け、中庭に面したガラス窓も開けるなど、徹底した感染対策がとられた。儀式では天皇陛下が、

「皇室典範の定めるところにより文仁親王が皇嗣であることを広く内外に宣明します」

と、宣言し、皇嗣の装束である「黄丹袍《おうにのほう》」姿の秋篠宮さまは、

「皇嗣としての責務に深く思いを致し、務めを果たしてまいりたく存じます」

と、述べた。「立皇嗣の礼」は、憲法に基づく国事行為で、天皇の弟が皇嗣として宣言される儀式は憲政史上初めてのことだという。これで2019年5月の天皇の代替わりにともなう国の即位関連儀式はすべて終了した。

オンラインで授業と公務に臨み

コロナ禍の2020年4月、悠仁さまは、お茶の水女子大学附属中学校2年生に進級した。

新型コロナウイルスの流行で、学校は2月下旬から、6月下旬まで休校となり、自宅学習となった。その間、悠仁さまはオンライン授業を受け、読書や自主研究にも取り組んだ。

5月、家族と一緒にコロナ禍で不足する医療用ガウンを手作りし、病院に贈った。9月の生徒祭で、いろいろな業界で働く大人たちに、コロナ禍での生活の様子や苦労していることなどをインタビューして、ポスターや動画にまとめて発表したこともあった。

そんな折の悠仁さまの様子などについて2020年9月11日、紀子さまは54歳の誕生日に際して、宮内記者会からの質問に答える形で感想を文書で寄せた。

「長男は、期末考査終了後の2月末から自宅学習が始まり、普段の授業時間に合わせて学校の課題に取り組んでいました。5月の連休明けからはオンラインで遠隔授業がおこなわれるようになり、それを軸にして学習を進めていました。6月に登校が再開したときは、お友だちと久しぶりに会えることがうれしそうでした。徐々に学校で過ごす時間も長くなり、8月上旬におこなわれた1学期の終業式まで登校しました。8月下旬からは2学期が始まり、元気に通っています」

秋篠宮ご一家は、オンラインでの公務にも取り組まれ、8月初め、全国高等学校総合文化祭「2020こうち総文」が、「WEB　SOUBUN」という形で開催された。ライブ配信された総合開会式を秋篠宮さまと悠仁さまが一緒に視聴した。後日、情報通信技術も活用して立派な開会式をつくり上げた生徒実行委員の代表や各部門の参加者数人と、画面越しで話をしたという。

秋篠宮さまは、新型コロナウイルスの感染拡大が、社会にどのような影響を及ぼしているのかなどを幅広く理解することが大切だと考え、関係者からオンラインで、感染症の現状や歴史、治療や予防の現場、それにウイルスの研究や経済や社会への影響と対応、感染症への偏見や差別の現状や対策などについて聞いたという。悠仁さまは、中学校が夏休みになってから、これに参加した。オンラインで学んだ内容について、食事の時間に家族で話し合うことがよくあるとも、紀子さまは明らかにしている。

父と子の「時差と経度」の話

2020年11月20日、秋篠宮さまは55歳の誕生日を迎える前の記者会見で、コロナ禍で学校が休校となり自宅で顔を合わせる機会が多かった悠仁さまの様子などについて、具体的なエピソードを交えながら、次のように紹介した。

「顔を合わせることが多く、つまり一緒にいることが多いとなかなかこう、成長、どういうところが成長しているのかはわからないですね。ただ確かにちょっと前と比べると背も少し伸びたような気がするとか、なんて言うんでしょう、少しずつのものがあると二つの地点を比べてみると結構大きく違ってたということがあるわけです」

そう話し、具体的な例として次のことを補足した。

「これは比較的最近、つい先日のことですね、妻とおそらく（アメリカ、筆者注）大統領選のニュースを見ていたときなんでしょうかね、日本との時差の話をしていたんですね、東海岸と西海岸。そのときに私があの場所は時差が日本とは何時間で、こちらの場所は何時間、つまり東海岸と西海岸で時差の話をしたときにですね、（悠仁さまが、筆者注）急にそこに意見を言ってきまして、日本が東経１３５度であちらは西経何度であって、計算すると絶対に合わないと言われましてね、それで確かに言われてみれば15度違うと1時間違うなとかですね、思いながら、もう一回私もネットで確認して、確かに私が言ったことはまったく逆を言っていたわけなんですね。

そういうときにすぐ反応して意見を言うようになったというのは、一つの、以前と比べると成長しているのを感じるときかなと思いました」

お茶中３年。最終学年となり高校受験へ

２０２１年４月、悠仁さまは、お茶の水女子大学附属中学校３年に進級した。

5月、体育大会で、3年生が一緒に行う応援ダンスで息の合った動きを見せた。本番前、悠仁さまは1、2年生に教えながら練習を重ねたという。

6月、コロナ禍で中止となった修学旅行に代わり、3日間の校外学習が行われた。東京湾を水上バスで移動し、東京五輪関連施設を眺め、伝統工芸職人の工房で作品を作った。

8月末、東日本大震災から10年、熊本地震から5年の節目に合わせて民間団体が主催したオンライン行事を悠仁さまは家族と一緒に視聴し、防災について学んだ。

2021年9月、55歳の誕生日に際し、宮内記者会からの質問に対して紀子さまは、

「長男は、感染防止対策による制約がある中で、授業を受け、学校行事に参加し、同級生とともに今できることを工夫して、充実した学校生活を送っているように思います」

と、文書で感想を伝えた。中学校の最終学年になり、学習への意欲がさらに増し、試験があるとそれに向けて計画を立てて、それぞれの教科の学習に積極的に取り組んでいることや、この年の夏休みには、各教科の課題を熱心に進めていたことも明らかにし、こう結んでいた。

「これからも、学びや暮らしの中で様々なことに気づき、考えを深め、成長していくことを期待しています。進学先につきましては、長男としっかりと話し合い、本人の希望を大切にしていきたいと考えています」

前述したように、お茶の水女子大学の附属幼稚園から附属小学校、中学校と12年学んでき

た悠仁さまだが、お茶の水女子大学附属高等学校は、女子校で男子は入学できない。そのため、悠仁さまがどの高校を受験するのか、マスコミに限らず、国民の間で関心が高まっていた。

筑波大学附属高校合格。提携校進学制度を利用

秋篠宮さまの恒例の記者会見でも、悠仁さまの進路や成長の様子への質問は続いた。

2021年11月25日、56歳直前の記者会見で、秋篠宮さまはこのように語っていた。

「進学につきましては、本人とも相談しつつ進めております。また、成長の様子ですけれども、今、中学3年生でこれはどの中学3年生もそうなのでしょうけれども、1年前と比べると机に向かっている時間が格段に長くなっているんですね。

そういう日々を過ごしているわけですけれども、私もときどき、そんなしょっちゅうではないものの机に向かって問題を解いている様子などを見ることがあり、そのようなときに改めて、今15歳で中学3年生ということを当然のことではあるんですけれどもそういうときに実感することがあります」

この会見から3カ月もたたないうちに、悠仁さまの進学先は明らかになった。

2022年2月16日、宮内庁は、悠仁さまが東京都文京区大塚にある国立の筑波大学附属

高等学校の入学試験に合格し、4月に入学すると発表した。お茶の水女子大学と筑波大学の附属学校同士の「提携校進学制度」を利用した。成績優秀で、提携先の学校を第一志望にするなどの条件を満たした生徒に適用され、悠仁さまはお茶の水女子大学附属中学校からの推薦を受け、2月13日に選考に必要な検定試験を受け、16日、合格が確定した。

戦後、皇族が学習院以外の高校に入学するのは初めてだという。戦前、皇族は、皇族就学令（1947年廃止）で学習院に就学することが原則、定められていた。戦後も男性皇族は全員、小学校から大学まで学習院で学んでいる。

高校合格の喜びの一方、旅行作文が問題に

筑波大学附属高等学校は、長い歴史や伝統があり、東京大学などに進む生徒も多い超難関校だ。「筑附（つくふ）」と呼ばれ、受験生の憧れの的でもある。悠仁さまやご家族も、進学が決まり、さぞほっとしたに違いない。

同じ頃、少し残念なニュースも伝えられた。2月16日、宮内庁は悠仁さまが、前年2021年3月、北九州市主催の「子どもノンフィクション文学賞」で佳作を受賞した作文『小笠原諸島を訪ねて』について、「参考文献の記載に不十分な部分があった」と発表した。

この作文をめぐっては、「他の著作物と酷似する記述がある……」と週刊誌などが報じて

いたが、それを受けての公表だった。応募作品は、２０１７年の夏、当時、小学5年生だった悠仁さまが、紀子さまとともに小笠原諸島を訪れたときの思い出や、その後の島の人たちとの交流などについてまとめたものだったという。だが、一部の参考文献を記載せずに、引用している記述が複数カ所あったらしい。

オンラインでの表彰式で、悠仁さまは、

「父島や母島で暮らす人々との交流を通して得た経験は、今でも心の中に鮮明に残っていて、島の方々の温かさに感銘を受けました。これからも小笠原諸島での出会いや思い出を大切にしていきたいと思います」

と語っていただけに、ちょっぴり苦い記憶となったことだろう。

卓球部でも活躍したお茶中での３年間

２０２２年3月17日、悠仁さまは、東京都文京区大塚にあるお茶の水女子大学附属中学校の卒業式に出席した。この日午前8時40分頃、制服姿の悠仁さまは、お茶の水女子大学の中庭に秋篠宮ご夫妻とともに姿を見せた。

コロナ禍は少し落ち着き始めていたが、３人ともマスクを着用した。報道陣から「中学校生活はいかがでしたか」と、質問された悠仁さまは、

「さまざまな経験をして、充実した3年間になったと思います」

と、答えていた。宮内庁によると、卒業式で名前を呼ばれると悠仁さまは、壇上に上がり、卒業証書を受け取った。コロナ禍の影響を受けた中学校生活だったが、悠仁さまは、クラブ活動では卓球部に所属し、大会にも出場した。3年間を通じた総合学習では、古いもち米について自主研究し、新しいもち米との交配実験をした成果をまとめたという。

卒業文集に記した『開・啓・拓の思い出』

悠仁さまは、次のような『開・啓・拓（ひらく）の思い出』という文章を、お茶の水女子大学附属中学校の卒業文集に寄せている。本人が言葉を選んで綴った3年間には、各学年の毎年の目標も盛り込まれて、その全文には悠仁さまのひたむきさや、真摯な姿が垣間見られた。

《中学校生活の三年間を終えるにあたり、各学年の目標で用いられた漢字で振り返ってみたいと思います。

一年時の漢字は「開」でした。この学年で印象深かったことに、最初で最後の宿泊行事であった英語を学ぶグローバルキャンプがありました。英語のみを使った二日間の研修では、授業や英語劇の発表などを通して英語の技能を高められただけでなく、コミュニケーションの力を身につけ、異なる文化にふれることができました。この学年行事を通して、新たな扉を開ける体験ができました。

二年時は「啓」でした。この年は、ディベート大会での取り組みが印象に残っています。事前にグループごとに資料を読み込み、賛成と反対の立場のグループに分かれて討論を行います。ディベートでは、反対の立場の人が納得するように伝えられるように話し合いをしました。ディベートでは、両方の立場で意見を伝え、相手の主張を的確に聞き、それに対して適切に反論することが大事です。このディベート大会は、準備を含め、相互啓発の場にもなりました。

そして三年時の漢字は「拓」でした。一学期には、校外学習として、障害者が働くお店を訪ねました。そこで働いている方々からお話を伺い、意見交換をすることで、働くことの様々な面を知る機会になりました。その後も学校の活動を通じて、多様な視点をもち、考えを深めることの重要性を学びました。また二学期には、一年生のときから探究してきた自主研究をまとめ、自分の興味を深めることができました。これらの経験は、これから歩む自らの道を拓《ひら》くことに繫《つな》がっていくように思います。

中学校生活は、途中での休校があり、行事の中止や変更もある中で、何ができるのかを皆で話し合い、工夫をしたことも貴重な経験でした。多くのことを学び、思い出に残る充実し

た三年間でした》

進学した高校は、お茶中のほぼ向かい

2022年4月9日、悠仁さまは、東京都文京区大塚にある筑波大学附属高等学校の入学式に出席した。濃紺のスーツにネクタイ姿、それにマスクを着用した悠仁さまは、「高校生活への抱負をお聞かせください」と、報道陣から質問された。

「学業に励みながら、興味を持っていることや関心を持っていることを、さらに深めていきたいと思います」

と、笑顔で語っていた。

筑波大学附属高等学校は、お茶の水女子大附属高等学校などがあるお茶の水女子大学の敷地の道路をはさんだほぼ向かい側にある。住所は同じ東京都文京区大塚で、隣接しているといってもよいくらいの近さだ。東京は広いが、悠仁さまは幼稚園から高校までの15年間を、文京区の同じ地区にある学校で学ぶことになる。これもまた興味深い。

そんな筑波大学附属高等学校だが、お茶の水女子大学同様、長い歴史と伝統を持つ名門校である。同校のホームページによれば次のようになる。

・1872年(明治5年)神田昌平黌《しょうへいこう》跡に師範学校を創設した。これがのちの高等師範

学校となる。昌平黌は、江戸時代、幕府が設置した学問所で最高の教育機関だった。昌平坂《しょうへいざか》学問所や昌平坂聖堂とも呼ばれた。

・1888年（明治21年）高等師範学校に尋常中学科を新設。これが同校の創立となる。
・1903年（明治36年）東京高等師範学校附属中学校と改称した。
・1949年（昭和24年）戦後、東京教育大学附属高等学校に改称した。
・1978年（昭和53年）筑波大学に移管され、筑波大学附属高等学校に改称した。

同校の教育方針は「自主・自律・自由」をモットーとする。全人的人間の育成という同校の伝統的教育精神を基盤として、「知育、徳育、体育の調和をはかる」などがあげられる。

高校ではバドミントン部に

そんな名門校での悠仁さまの高校生活に話を戻したい。この年2022年9月11日の紀子さまの誕生日にあわせて発表された、紀子さまの文書回答には、母としての心情とともに、将来への思いがあふれていた。

「長男の悠仁は、今春、お茶の水女子大学附属中学校を卒業し、筑波大学附属高等学校に入学して新しい学校生活が始まりました。高校では、授業だけでなく、課外活動も楽しみ、充実した日々を送っているようです。バドミントン部に入り、同級生や上級生と一緒にトレーニングに励み、7月下旬の『蓼科生活《たてしな》（クラス合宿）』では、登山やキャンプファイヤーなどを通して、クラスメートとの絆を深めたようです」

日常生活の様子については、

「この春から、トンボ類をはじめとする生き物の調査を、より積極的に進めるようになりました。そして、宮邸周辺の虫や植物などの生息環境と生物多様性の保全に関心を広げている様子です。また今年も、長男が米作りをしている田んぼは、家族皆で耕して、畦塗りや代《しろ》かきをし、田植えをしました。もうすぐ収穫の時期を迎え、稲刈りをする予定です。また、時間を見つけていろいろな野菜を栽培し、成長の具合を確かめ、気を配りながら世話をしている長男のそばで、私たちも草むしりなどの作業をしています。収穫した野菜を食事の折に皆で楽しんでいます」

また、大学進学や留学など、悠仁さまの将来について紀子さまは次のように綴っていた。

「長男には、国内外において様々な分野で学ぶ人々や社会で働く人々とも交流し、広い視野で世界を見ていけるようになってほしいと思っております。そうした中で、自分のテーマを見つけ、探究しながら、自分の進む道を拓いていってくれればと考えております」

「日本の文化と歴史を知ってほしい」と父

「この4月から新たなところでの生活になったわけですけれども、本人は授業や部活ですね、忙しくも充実した日々を送っているように見受けられます」

2022年11月に行われた誕生日を前にした記者会見で秋篠宮さまは、悠仁さまの近況などについて、そう話し、先にもふれたが、さらに次のように語っている。

「私自身の経験も少し含まれているわけですが、日本は本当に各地にさまざまな文化があります。そういうものを若いうちに実際にその場所を訪ねて、そこでそういうものに直にふれるということは、将来的にも非常に大事なことなのではないかなと思っております。それなので、折々に私もそういうことを本人には勧めております。また、それとともに書籍などを通じて、さまざまなことを、中でも日本の歴史などについては知っておいてほしいと思ってそういう話もすることがあります」

2023年4月、悠仁さまは筑波大学附属高等学校2年生となった。

宮内庁によると、悠仁さまは、勉強や学校行事などに、積極的に取り組む日々を送っている。休み時間には級友たちと課題の解き方を教え合うなど楽しみながら学んでいるという。

バドミントン部に所属し、下級生に優しくアドバイスしている。自主練習で上達し、仲間とのラリーは力強さがあるという。

秋篠宮ご夫妻の公的な活動に同行する機会も増えた。7月、父親と一緒に鹿児島県を訪問し、全国高等学校総合文化祭の開会式に出席した。夏休みに茨城県つくば市にある農業・食品産業技術総合研究機構を見学した。また、来日したブータンやベルギーの王族と秋篠宮邸で会い、交流を深めている。

民法の改正で成人年齢が18歳に引き下げられたため、悠仁さまは2024年9月6日の誕生日で成年を迎えたが、この年には成年を迎えるにあたっての予算施策もとられ、2023年8月、宮内庁は、悠仁さまの成年式で天皇陛下が授ける冠の製作費用257万8000円を盛り込んだ2024年度予算の概算要求を発表した。

それによれば、
1　成年式は、悠仁さまが高校を卒業する2025年春以降の実施を予定している。
2　儀式の際に悠仁さまが着用する装束の準備費用は秋篠宮家が負担し、秋篠宮さまが着用された装束を活用することも検討しているという。
3　また、皇室経済法などに基づき、悠仁さまの皇族費は、成年にともない915万円に増額される。成年を迎えるまでは年305万円の皇族費が支給されてきたが、成年となり、3倍に増額された。

文化祭で合唱した『君の名は。』の劇中歌

２０２３年９月９～10日の両日、筑波大学附属高等学校の文化祭「桐陰祭《とういんさい》」が開かれた。秋篠宮ご夫妻や、在学生の父母、同級生たちが見守る前で悠仁さまたちは話題の歌の合唱を披露したようだ。たこ焼きやベビーカステラを食べる姿も目撃されている。

当時のウェブニュースでは、次のようにも伝えられている。いずれも『週刊女性ＰＲＩＭＥ』（２０２３年９月21日付）が配信した記事だ。

《「文化祭では、男子生徒と楽しそうにお話しするお姿も見かけました。抹茶あずき味のベビーカステラを頬張る悠仁さまに〝おいしい？〟と男子生徒が尋ねると、悠仁さまは〝うまい〟と砕けた言葉遣いで答え、はにかんだ表情を浮かべていました」。さらに、ステージではクラスメートとの合唱も披露されたという》

《「悠仁さまのクラスは若者に人気のバンドグループ〝ＲＡＤＷＩＭＰＳ《ラッドウィンプス》〟の『なんでもないや』を披露されていました。大ヒットしたアニメ映画『君の名は。』の劇中歌ですね。悠仁さまはテノールパートを担当されていたようで、口を大きく開けて歌っていらっしゃったのが印象的です」》

文化祭では、ひとりの高校生として、まさに「青春のど真ん中」を楽しむ悠仁さまの素顔が見られた。

楽しかった文化祭のあと、悠仁さまが新型コロナウイルスに感染したことがわかった。宮内庁によると、悠仁さまは2023年9月13日、高校から帰宅後しばらくして発熱し、新型コロナとインフルエンザの抗原検査をしたが、いずれも陰性だった。しかし、14日朝になっても熱が下がらなかったため、再び抗原検査を行ったところ、新型コロナ陽性が判明した。

一番関心が強いのは「トンボ類」

高校に進学する際、悠仁さまの進路は注目されたが、高校卒業後、大学の進学先についても、さまざまな憶測が週刊誌などで飛びかった。

「どうやら、東大農学部を志望されているらしい」

「北海道大学や京都大学の可能性もあるのではないか……」

など、有名国立大学から、私立大学まで、複数の大学名があがっていた。

2023年11月27日、誕生日を前にした記者会見で悠仁さまの高校卒業後の進路について記者から尋ねられ、秋篠宮さまはこのように答えている。

「卒業してたとえば大学に行くというときに、本人が何をしたいかということがやはり一番大事なのだと思います。そういうことができるような場所に行ってくれたらいいのではないかなと私は思います」

同じ頃、悠仁さまが2人の研究者らとともに手がけた論文『赤坂御用地のトンボ相――多様な環境と人の手による維持管理』が発表された。

住まいのある赤坂御用地内に生息するトンボをモニタリング調査したものだ。

記者会見で秋篠宮さまは、

「おそらく一番関心が強いのはトンボ類のこと、トンボについてなのですけども、そのトンボ類の調査をしていることや、また、かなり以前からやはりお米についても調べていましたので、実験をしたりとか、ということもしております」

と、トンボ類の調査について話し、あわせて、お米のことについても付け加えた。

「あっという間に18年は過ぎるもの」

2024年4月、悠仁さまは高校3年生となった。2024年9月6日、18歳の誕生日で成年となったことで、「悠仁さま、どこの大学に進学するのか」という報道が週刊誌や、ウェブニュースでさらに熱を帯びてきた。まさに国民の一大関心事となった。

秋篠宮さまはこの年の11月30日、59歳の誕生日を迎えたが、その直前に行われた記者会見で、18年間の長男の思い出などについて次のように答えた。

「ただ、私もずっと20歳の成年という認識できておりますし、……（中略）その18歳の成年というのにまだ慣れていない、周りも慣れていないこともありますし、高校の在学中です。そのようなことから、今一つ私としては実感が湧いていません」

「本当にあっという間に18年は過ぎるものだなと強く思っているところです。子どもの頃というのは1年がすごく長く感じるように思います。私も小学校の6年間だけはとても長かったように思います。ただ年齢を重ねるにつれて、どんどん時間が短く感じられるようになって、親の立場で見ると、本当についこの前までチャイルドシートに乗っていた子どもが、もう成年なのかと思うとじつにときの流れが速いということを実感いたします」

その上で、悠仁さまが小学校高学年の頃の父親の失敗談というか、ほのぼのとしたエピソードを紹介してくれた。

「長男が小学校6年生ぐらいのときのことです。学校では、たとえば地震があったりとか緊急時に親が引き取りに行って、連れて帰るという、その練習があるんですね。たまたまあるとき、妻が用事があって行けなかったことがあり、私が代わりに引き取りに行きました。学校で子どもを引き取ってから、……（中略）ある一定の距離は徒歩で帰らなければいけないのですね。私もそうしたのですが、残念ながら私は空間認識が非常に悪いんです。

いつもエレベーターを降りても大体逆に行くようなことが多くて、方向が定まらないから、息子を引き取ったのはいいけれども、道を歩いて、二つに分かれたところをどっちに行っていいかわからないのですね。

そういうようなことがあったもので、ほとんど帰り道は長男に手を引かれて、彼が行くままに従って行ったということがありました。そのときにずいぶん成長したんだなということを感じました。それが一番強い思い出ですかね。強く印象に残っていることでしょうかね」

皇位を継承する立場の悠仁さまへ、期待と注文

記者からの「成年にあたって、かけられた言葉を教えてください」との質問には、

「いかんせん高校3年生の忙しいときですし、そのときに取り立てて何か声をかけたということはないと思います。……（中略）成年後、実際にはもうちょっとあとが多いと思いますけれども、いろいろなところから声がかかることが予想されます。そのときに、声をかけていただいたものに関わるときには一つ一つ大事に思って丁寧に取り組んでほしいということは、成年にあたってというよりも、一定年齢になってからの話として、たびたびにいたしました」

と、話した。将来、皇位を継承する立場である悠仁さまへ期待することについては、このように語っている。

「一つ一つ自分が関わる仕事を大事に思って、取り組んでほしいということですね。今の段階ではそのことでしょうか」

さらに、悠仁さまの今後の進路については、

「今おそらく最も忙しい時期ですね。高校3年生の秋ですから、多くの高校3年生と同じように毎日を忙しく過ごしています。進路については、これはもちろん話し合うことはあります。以上です」

と、秋篠宮さまは答えるのにとどまった。

秋篠宮さま、紀子さまも海外留学を強く勧める

秋篠宮ご夫妻は2024年12月3日から8日まで、トルコを公式に訪問した。その出発前にもご夫妻そろって記者会見に応じたが、両親とも悠仁さまに外国留学を強く勧める姿勢を見せ、注目された。

「長男には海外で学ぶ機会を得てほしいと思っています」

「海外で学びを深めてくれたらうれしいなと、親としては思っております」

日本とトルコの外交関係樹立100周年の節目にあたり、トルコを公式に訪問する秋篠宮ご夫妻は11月25日、東京・元赤坂の赤坂東邸で記者会見した。将来、皇族として国際親善を担うことになる長男で筑波大学附属高等学校3年生の悠仁さまについて、海外への留学を勧めるかなどと、記者から尋ねられた秋篠宮さまはこのように答えた。

学習院大学を卒業した秋篠宮さまは、イギリスのオックスフォード大学大学院動物学科で学んでいる。自らの体験を踏まえ、この会見ではより具体的に、海外留学の必要性などについて次のように語っている。

「今暮らしているところと違う場所、また違う文化のところに行って、そこから日本を見つめ直すこともできましょうし、また、その機会を使って、いろいろなところを回って、見聞を広めるという意味でも大事だと思います」

「本人が大学に入ったら学びたいと言っているのが、自然誌分野なわけですけれども、もし、自然誌の分野で、さらに深めようと思うときに、私の経験からでも言えることではありますけれども、欧米は資料を日本と比べものにならないぐらい持っております。私自身も若い頃に、資料をいろいろ調べるときに、とにかく見たいものがすぐに出てくるというような、日本では考えられないような経験をしました」

遠く海の向こうから日本を見て、考える

父親の研究や勉強の関係で、アメリカやオーストリアで暮らしたことがある紀子さまは、次のように答えている。

「やはり長男には、若いときに、もし機会があれば、海外で生活を送り、また、そこの大学で、学校で学ぶ機会があればよいのではないかと話すことがあります。海外での生活は、新しいことを経験したり、慣れないことに直面したりすることもあれば、何か懐かしいと思うようなこと、景色に出会うこともあるように思います」

「私は子どもの頃に、家族と一緒にアメリカやヨーロッパで生活していました。そのような経験から、日本とは異なる文化や自然環境に直接ふれて暮らすこと、困ったときには助けられたり、また、困っている人がいたら助けたりしながら、何かいろいろな思い出をつくりながら、見聞を広げていくことも大切であると思っています。……(中略)遠く海の向こう側から日本を見て、考える、そして、そこからまた学んでいく、そういう機会もあってもいいのではないかと思っていることを、長男に限らず娘たちにも話してきました」

秋篠宮ご夫妻は同じ考えのもとで、悠仁さまに外国への留学を勧めていることを明かした。

「将来的にも非常に有意義なこと」

秋篠宮さまの発言はさらに続いた。

「息子にも、折々に私は海外に行ってそこで学ぶことを勧めています。おそらく、以前、たとえば中学生ぐらいの頃、話したときに比べると、やはり本人も海外に身を置いて、そこで学ぶことの必要性というものを最近は感じるようになってきたような印象を私は受けております」

２０１９年8月、「平成」から「令和」へと代替わりしてから間もない頃、お茶の水女子大学附属中学校1年生の悠仁さまは、夏休みを利用して両親とともに私的にブータンを旅行した。これが、悠仁さまにとって初めての外国旅行であり、海外体験の第一歩だった。その年の11月、誕生日を迎える前の記者会見で秋篠宮さまは、長男の教育方針などについて次のように語っていた。

「日本の国内、いろいろな場所を訪ねてほしいと思っています。これは、日本も地域地域でやっぱりそれぞれの興味深い文化があります。それから、その文化の背景になる自然環境もあります。そういうものを知っておくということは、将来的にも非常に有意義なことだと思います」

このように、日本各地を訪れることも望んでいた。こうして見てくると、外国に限らず国内もよく見て歩き、とにかく見聞を広めることが、とくに若い悠仁さまにとっては大切なのだと秋篠宮さまは考え、それを本人にも伝えているらしい。

学びたいのは「自然誌」という分野

こうした秋篠宮さまや紀子さまの考えもあり、私は悠仁さまの進学先について、東京の大学に絞ることなく、国内各地の特色のある素晴らしい大学や外国の大学にまで視野を広げて、進路を選ぶのではないだろうかと期待していた。思い出すのは、2024年3月、宮内庁皇嗣職が悠仁さまの進路に関し、以下のように発表したことだ。

「ご自身が非常に関心をお持ちのものの一つが自然誌で、昆虫などやそれらの生息環境の観察や調査をされたり、書物を調べられたり、専門家の話を聞かれたりしながら、フィールドワークを行ってこられました。……（中略）ご自身が探求されたいことをさらに学び、幅広い視野を身につけることを目指し、ご関心のある分野を学ぶことができる大学への入学を目標に、熱心に勉学に励まれているようにお見受けいたします」

先に紹介したトルコ訪問を前にした記者会見で、「本人が大学に入ったら学びたいと言っているのが、自然誌分野なわけです……」と、秋篠宮さまがふれたように、悠仁さまは自然誌に関心を持ち、大学では自然誌の分野を学び、さらに勉強を深めたいと考えている。自然誌とは、自然界に存在する動物や植物、鉱物、天体、気象などについて総合的に研究する自然科学の一分野だが、漠然としていてなんだかとらえどころがない。

専門分野を深めるのは大学院で

そこで、私は、宮内庁皇嗣職が発表した内容のうち、「幅広い視野を身につけることを目指し……」という箇所に注目してきた。おそらく、秋篠宮さまはこんなように願っているのではなかろうか。「長男が専門分野を究めるのは、大学院に進んでからでも遅くはない。大学時代は、幅広い教養や学問を身につけてほしい。そして、何より大事なことは、外国や国内を見て回り、広い世界から自分や日本を見つめ直し、考えを深めてもらいたい」――と。

振り返れば２０２３年11月、58歳の誕生日を前にした記者会見で、秋篠宮さまはこうも述べていた。

「本人が何をしたいかということがやはり一番大事なのだと思います。そういうことができるような場所に行ってくれたらいいのではないかなと私は思います」

最終的に、悠仁さまが学びたい大学を自分の意思で決めた。それが、筑波大学生命環境学群生物学類だった。第一志望に進学ができ、本人もご家族もさぞかし満足したことであろう。

悠仁さま記者会見一問一答

２０２５年3月3日、悠仁さまは成年にあたっての記者会見に臨んだ。赤坂御用地内の赤坂東邸でのこと。ダークスーツにネクタイ姿で、ひとことひとこと丁寧に答えていた。

記者「成年を迎えての感想は——」

悠仁さま「はい、まずご質問へのお答えに先立ちまして、現在、岩手県などで発生している山林火災により、被害が生じていることを案じております。これらの火災によって被害を受けられた方に心からお見舞い申し上げます。またこの火災が一日でも早くおさまることを願っております。……（中略）昨年9月6日に18歳の誕生日を迎え成年になりました。これまで成長を見守ってくださった方々や折々に支えてくださった方々に深く感謝申し上げます。……（中略）公的な活動についてですが、大学在学中は学業を優先させていただきながらにはなりますが、少しずつ携わっていくことになると思います。周りの方々からご助言をいただきながら一つ一つ丁寧に取り組み、成年皇族としての自覚を持ち、皇室の一員としての役割をしっかりと果たしていきたいと思っております」

記者「ご自身の性格、長所・短所についてお聞かせください」

悠仁さま「さまざまな場面で緊張してしまうところがあるように思います。こうして皆さまとお話ししていましても緊張しております。続いて、長所・短所についてですが、長所は興味のあることを徹底して追及することができるところだと思います。言い換えると、心惹かれるものに対して没頭できるということです。たとえば、夏の休日にお昼過ぎから林の中や、池の周りでトンボを観察していますと、気がついたら、日が暮れてしまっていたということもよくありました。ただこれは、見方を変えてみますと、短所ととらえることもできます。それはときとして、こだわりを持ちすぎてしまう、ということです。場合に応じて柔軟に対応できるようにしていきたい、と考えております」

記者「日々の生活で興味のあることや趣味もお教えください」

悠仁さま「幼少の頃から、昆虫には興味を持っておりましたが、最近は植物にも関心を持っています。昆虫と植物を観察していますと、虫が食べる草である食草や、生息環境、受粉などの観点で多く関連があると思います。また、趣味についてですが、趣味は以前から行っている野菜栽培や米作りです。トマトが虫にかじられてしまうことや、お米がスズメに食べられてしまうこともありますが、野菜やお米を収穫でき、それをおいしく家族で食べることができたときはうれしく感じます」

記者「海外留学についてはどうお考えでしょうか。ご自身の結婚についてのお考えと、理想とする時期や、お相手像についてもお聞かせください」

悠仁さま「はい。まず海外留学についてですが、海外に行くことによって、今までとは異なる経験をすることができたり、さまざまな国や地域から集まった人々や、いろいろな文化に出会えたりすることができると思います。また、学問の面でも、新たな学びの視点を得ることができると思います。以前に、父や姉も留学をしていたことがありましたし、母も海外で生活していた時期がありました。家族の意見もよく聞いて検討してみようと思います。続けて、結婚についてですが、理想の時期や相手についてまだ深く考えたことはありません」

また、父・秋篠宮さまについては、「父は、植物に気をかけたり、ほこりがたまっているところの掃除をこまめにしたりと、几帳面でまめな一面があると思います。ときには卵料理(スクランブルエッグ)を作ってくれることもあり、その固さにこだわるなど、そのような一面を垣間見ます」と話し、母・紀子さまについては、「庭の果実を使ってシロップやジャムを作っていることもあります。ときには、高校の花壇を整備するグリーンボランティアに参加して緑にふれる機会を楽しむなど、アクティブな一面もあると思います」と話した。

おわりに

天皇も皇族も生身の人間。泣いたり笑ったり怒ったり、喜怒哀楽がある

皇后雅子さまが問いかけるもの

ここまで、じつに41年ぶりに皇室に誕生した男子、秋篠宮悠仁さまの18年の歩みをたどってきた。

私は、その誕生をある意味で「奇跡的」だとも紹介したが、悠仁さまの誕生が奇跡だとすれば、結婚以来、お世継ぎ問題を抱え、そのプレッシャーなどから体調を崩した皇后雅子さまの日々も、じつに波乱に富んだものだ。

愛子さまの誕生から雅子さまの病気、長期療養、そして、悠仁さまの誕生などなど、政府の皇室典範改正の動きなども重なり合い、皇室の光と影が色鮮やかに織りなされてきた。

おそらく、将来、悠仁さまとの結婚を考える女性とその家族にとって、結婚後の皇后雅子さまの歩みは、「皇室に嫁ぐこと」の是非を決める上で、かなり重要な手がかりとなる気がしている。

天皇陛下が生まれた翌日、日本中は幸せに包まれていた。１９６０年2月24日の読売新聞

の社説「新宮さまのご誕生を祝う」は、次のように書いている。先の大戦に日本が敗れて、まだ、15年もたっていない頃のことで、平和のありがたさを多くの国民が骨身にしみて感じていた。そういう時代背景をおさえておきたい。

《皇太子さま、美智子さま、おめでとう。

皇太子さまの人生は、なんというさち多いものだろう。……（中略）お生まれになった新宮さまも、世界で一番祝福されている。サイレンや、爆弾や、機関銃の音は、今どこにも聞こえない。平静で、なごやかな生活の中に、すくすくと育たれるに違いない。天皇の尊厳は、人間性を喪失させ人形のような無表情を保つことだという気違いじみた教育は、敗戦という痛烈なムチによってあらかた反省させられたはずである。すなおに、若竹のように、新宮さまが持てる資質を伸ばされることを、心から祈ってやまない。……（中略）皇室の真の繁栄は、神秘な伝統の上ではなく、皇室と国民の親愛の上に築かれなければならない。生まれ出た新しい生命、このみどり子は、真に皇室と国民の親愛の血のキズナである。……（中略）エリザベス女王が第二王子をご出産されたとき、サンデー・タイムズの社説は「彼女の王子や王女は、女王のものであると同時に、我々のものだ」と、いっているが、今、我々は、誇張なしに「新宮さまは、皇太子ご夫妻のものだけではなく、我々のものだ」といえるだろう……》

喜びや悲しみが交錯する皇室

「はじめに」でもふれたことだが、確かに皇室にはドラマがあふれている。天皇陛下といえども生身の人間である。泣いたり笑ったり怒ったり、喜怒哀楽がある。それにひとりの人間として失敗もする。間違いを起こさないで一生を安楽に暮らせるわけではない。

生老病死《しょうろうびょうし》といわれる。

人は生まれること、老いること、病気になること、そして死ぬことからは、誰も逃れることはできない。

天皇陛下や皇后陛下だって、秋篠宮さまだって、老いる。そして永遠には生きられない。

皇室の人たちも、このように、私たちとなんら変わらない。だからこそ、いろいろなドラマが織りなされていく。そう言えないだろうか。

喜びや悲しみが交錯する皇室を、自分たちの身近な存在ととらえ、共感したり、安心したり、ときには反発したりと、国民はさまざまな反応を見せる。そして、「私たちの皇室」に対して、わがことのように親しみ、愛するのではないだろうか。

大事なことは、再び天皇を〝雲の上の遠いところ〟に置かないことだ。「皇室の真の繁栄は、神秘な伝統の上ではなく、皇室と国民の親愛の上に築かなければならない」のである。

さらに、悠仁さまも愛子さまも、秋篠宮ご夫妻や、天皇、皇后両陛下の子どもであると同時に、「私たち国民の大切な子どもである」という認識も、また重要だ。ＳＮＳなどには批判や心ない言葉がよく見られる今だからこそ、わが子を慈しむように温かく、優しく、思いやりを持ちながら悠仁さまたちの成長を見守り続けたいものである。

２０２５年３月　江森　敬治

悠仁さま年譜

※編集部作成

年齢は、その年「9月6日」誕生日時点の年齢です。

0歳＝2006年（平成18年）

●2月24日、宮内庁は、紀子さまが「妊娠3カ月」であることを発表。

●8月16日午後、紀子さまが「恩賜財団母子愛育会愛育病院」（東京都港区）へ入院。比較的早い入院は部分前置胎盤によるもの。

●9月6日午前8時27分、秋篠宮さま第一男子として愛育病院で誕生。皇室にとっては41年ぶりの男子だった。帝王切開による出産で、身長48・8センチメートル、体重は2558グラム。同日午後には、「賜剣（しけん）の儀」が行われ、「守り刀」が天皇陛下より授けられた。

●9月12日午前、「命名の儀」で「悠仁（ひさひと）」と命名。名前の「悠」の字には「長い」「ゆったりとした」という意味があり、秋篠宮ご夫妻が「ゆったりとした気持ちで、長い人生を歩んでほしい」との願いを込めたという。身の回りの品に記されるお印は「高野槙（こうやまき）」となった。

●9月21日、天皇・皇族の戸籍にあたる「皇統譜」に登録された。「親王　悠仁」と記された。

●11月14日、一般のお宮参りにあたる「賢所皇霊殿神殿（かしこどころこうれいでんしんでん）に謁するの儀」が行われ、ご一家は当時の天皇、皇后両陛下へあいさつするため皇居を訪問。秋篠宮さまは報道陣に「なんとお呼びですか」と質問され、「ゆうちゃん……」と笑顔で答えた。

1歳＝2007年（平成19年）

●9月6日、1歳の誕生日。身長75センチメートル、体重は9285グラムとなり、伝い歩きも始めた。

●11月22日、秋篠宮さま42歳の誕生日を前にした記者会見で、秋篠宮さまは「いろいろ行動範囲も広くなり、明かりがつくものとか、音が出るものとか、たとえば目覚まし時計、玄関のチャイムとか、そういうものに興味があるみたいです」という趣旨の説明をした。

2歳＝2008年（平成20年）

●8月、軽井沢に滞在中の上皇ご夫妻（当時は天皇、皇后両陛下）のもとを、秋篠宮ご一家で訪ねた。

●9月6日、2歳の誕生日。身長87・5センチメートル、体重は11・5キログラム。トンボをつかまえるようにもなった。

●11月20日、43歳の誕生日を前にした記者会見での秋篠宮さま。「だんだんと単語の数が増えてきたように感じます」と。紀子さまは、「夏頃からでしょうか。庭にいる小さな虫、バッタやカマキリなどを見つけて、上手につかまえては、手で持ったり、ソデにのせたりしてよく観察しておりました」と。

3歳＝2009年（平成21年）

●9月6日、3歳の誕生日。身長94センチメートル、体重13・6キログラム。三輪車に乗ってしばしば秋篠宮さまについてくるようになる。この三輪車はドイツの子ども用のりものブランド「プッキー社」製。佳子さまが幼少の頃に愛用していた10年以上も前のものが悠仁さまに引き継がれたという。

●11月25日、秋篠宮さま44歳の誕生日を前にした記者会見では、「けっこう虫に興味が出てきまして、庭でカブトムシを見つけたり、カマキリを見つけたりして、それを毎日何回か眺めるというか、一緒に遊ぶことを楽しみにしているようでした」と、話した。

4歳＝2010年（平成22年）

●4月9日、お茶の水女子大学附属幼稚園（東京都文京区）に入園。3年保育で、3歳新入園児は41人。両殿下と一緒の入園式では「あきしののみや・ひさひとさん」と、「さん付け」で呼ばれた。なお、入園にあたっては紀子さまが「日本学術振興会名誉特別研究員」としてお茶の水女子大学で研究していることから、研究者の子らを対象とした「特別入学制度」を利用したという。

●7月は那須で、8月の軽井沢では、上皇ご夫妻（当時は天皇、皇后両陛下）のもとを訪ね、ご一家で過ごした。那須では、愛子さまと御用邸の庭で遊んだ悠仁さま。飛んでいるトンボをとったりもしたという。軽井沢では上皇さまと一緒に浅間山近くの石尊山（せきそんさん）登山を初体験。

●9月6日、4歳の誕生日。幼稚園にも慣れてきた。園庭で友達と虫探しも楽しむように。

5歳＝2011年（平成23年）

●4月、幼稚園年中組に。

●9月6日、5歳の誕生日。姉の眞子さん、佳子さまとよく鬼ごっこをするようになる。

●11月3日、悠仁さまは伝統の袴を身につける「着袴（ちゃっこ）の儀」に臨み、その後、碁盤の上から飛び降りる「深曽木（ふかそぎ）の儀」に臨んだ。赤坂東邸での実施。健やかな成長を願う皇室の儀式。東日本大震災の影響で春の実施が延期されていた。

6歳＝2012年（平成24年）

●4月、幼稚園年長組に。

●9月6日、6歳の誕生日。幼稚園では壁新聞を作り、ジャガイモ掘りでは、年下の子に収穫してゆでたジャガイモの皮をむいてあげたりしていたという。夏休み、皇居内での虫探しでは、上皇さま（当時は天皇陛下）が同行することもあった。自宅では、バケツに稲を植えて育ててもいたという。

7歳＝2013年（平成25年）

●3月14日、お茶の水女子大学附属幼稚園を卒園。園児らと壇上に上がった悠仁さまは、中村俊直園長から卒園証書を受け取り、卒園児71人とともに「証書をありがとうございます」と述べ、卒園の歌を歌った。

●4月7日、お茶の水女子大学附属小学校へ入学。新1年生は105人。皇族が学習院初等科以外の小学校に入学したのは、戦後初めてのこと。学校では「給食係」となり、友達からは「悠仁くん」と呼ばれているという。

●9月6日、7歳の誕生日。小学校ではジャガイモ掘りに出かけ、遠足は上野動物園だったという。

●12月、秋篠宮ご夫妻と一緒に、沖縄県を私的に旅行。

8歳＝2014年（平成26年）

●4月、小学2年生に。

●8月16日、太平洋戦争中に撃沈された学童疎開船「対馬丸」の犠牲者を追悼する集いに出席し、「対馬丸殉難70年・鎮魂と平和への祈り」の展示を見学した。一家5人での参加だった。

●9月6日、8歳の誕生日。3歳の頃から手伝ってきた野菜作りが今も好きだという。

「お茶小」での遠足で

9歳＝2015年（平成27年）

●4月、小学3年生に。休み時間には「ダブルタッチ」という2本のロープを使った大縄跳びで遊び、放課後には友達と大好きな昆虫をつかまえて観察をした。

●6月、秋篠宮ご夫妻、結婚25周年。

●9月6日、9歳の誕生日。住まいの庭では自ら植えたジャガイモやトマトなどの世話をし、ブルーベリーが実ると、実を袋に入れて家族や、職員らに手渡すこともあったという。

●11月19日、秋篠宮さまは50歳の誕生日を前にした記者会見でこう述べた。「昆虫好きは相変わらず続いています。ただ少し昨年までと違うのかなと思うのは、虫そのものもそうなのですが、それが生息している環境に興味を持つようになってきています」と。

10歳＝2016年（平成28年）

●4月、小学4年生。6月の遠足では高尾山にも登った。

●9月6日、10歳の誕生日。小学校では「自主学習」として都内の地形の特徴などを本や地図帳で調べ、住まいの赤坂御用地の周辺を歩き、紙芝居にまとめ発表した。

●11月22日、51歳の誕生日を迎えた秋篠宮さま。記者会見に同席された紀子さまは、「今は自分が決めた目標を達成するために計画を立てて、そして私たち家族に協力してくれるようにお願いして、そのような姿を感慨深く思っております」と、成長ぶりを披露した。

11歳＝2017年（平成29年）

●4月、小学5年生。家庭科が始まり、裁縫、調理実習も。夏休みには、紀子さまと一緒に小笠原諸島を旅行。

●9月6日、11歳の誕生日。合奏や合唱の練習に精を出し、担当する楽器トーンチャイムの音色合わせも行う。

12歳＝2018年（平成30年）

●4月、小学6年生。1〜6年生で構成するたて割り班のリーダーで下級生の世話し、放課後には友達と「手打ち野球」を楽しんでいるという。

●9月6日、12歳の誕生日。この夏8月10日には紀子さまと広島市を訪問。原爆死没者慰霊碑や、広島平和記念資料館に足を運んだ。また、被爆者の山本玲子さんからも体験談を聞いたという。秋篠宮さまは記者会見で、「本人自身が是非広島に行きたいという希望を持って、それで、家内と一緒に行ったわけですね。そのように、かなり自主的に動くということをするようになってきたと思います……」と、話した。

13歳＝2019年（平成31年、令和元年）

●3月15日、お茶の水女子大学附属小学校を卒業。「これからも自分が興味を持っていることを大事にしながら、過ごしていきたいと思っています」と卒業記念文集に気持ちを綴った。

2017.9　11歳誕生日の折

●4月8日、お茶の水女子大学附属中学校へ入学。新中学生は114人。入学生代表の悠仁さまは「私たちはそれぞれ持っている力を大事に伸ばし、可能性や視野を広げていきたいと思います」と宣誓。

●4月26日、お茶の水女子大学附属中学校に侵入した職業不詳の男性（当時56歳）が、悠仁さまの机に包丁2本を置く事件が発生。2020年2月、懲役1年6カ月（執行猶予4年）の判決が言い渡された。

●5月1日、新天皇即位、新元号「令和」が始まる。秋篠宮さまが、皇位継承順位第1位の皇嗣殿下となる。皇嗣職が新たに設けられ、職員数は、以前の20人規模から50人規模に増員された。同時に秋篠宮さまに支給される皇族費の年額もこれまでの3倍の9150万円となった。

●7月31日、皇嗣となった秋篠宮さまが紀子さまとともに沖縄県と北海道の豆記者と懇談。悠仁さまも初めて出席した。豆記者との懇談は、天皇、皇后両陛下から秋篠宮ご夫妻が引き継いだ交流行事。

●8月17日、秋篠宮ご夫妻とともにブータンを旅行。悠仁さまにとって初めての外国訪問。私的な旅行だったが、首都ティンプーではワンチュク国王夫妻を表敬訪問。8月25日、タイ経由で帰国した。ブータンへの往路、復路では、秋篠宮さまと悠仁さまは別々の航空機に搭乗。

●9月6日、13歳の誕生日。

●11月1日、宮内庁皇嗣職は、悠仁さまが夏休みの課題作文として書いた作文『トンボと私』が「第69回全国小・中学校作文コンクール」の中学生の部で、東京都の佳作に入選したことを発表。

●12月8日、姉の佳子さまとともに、「第41回少年の主張全国大会」に出席。2人で臨む公務は初めてだった。

14歳＝2020年（令和2年）

●2月27日、お茶の水女子大学附属中学校が新型コロナウイルスの感染拡大により、6月下旬まで休校となる。

●4月、中学2年生に。5月の連休明けからはオンラインでの遠隔授業となった。

●5月26日、秋篠宮ご一家が宮内庁職員らとともに、ポリ袋から手作りした医療用ガウン300着が、恩賜財団済生会（東京都港区）に届けられた。全国の済生会病院に届けられるもの。

●8月3日、秋篠宮ご夫妻と悠仁さま、第44回全国高等学校総合文化祭「2020こうち総文」の総合開会式にオンラインで参加。
●9月6日、14歳の誕生日。
●11月8日、秋篠宮さまの「立皇嗣の礼」が皇居・宮殿「松の間」で行われた。中心儀式は「立皇嗣宣明の儀」で、秋篠宮さまが皇位継承順位第1位の「皇嗣」になったことが国内外に示された。

15歳＝2021年（令和3年）

●3月13日、福岡県北九州市は、主催する「第12回子どもノンフィクション文学賞」の入賞作品を発表し、中学生の部で悠仁さまが応募した『小笠原諸島を訪ねて』が佳作に選ばれたことを公表。400字詰め原稿用紙19枚の作品。表彰式にはオンラインで参加し、「島の方々の温かさに感銘を受けました。これからも小笠原諸島での出会いや思い出を大切にしていきたいと思います」と語った。
●4月、中学3年生に。中学校の最終学年となり、学習の意欲がさらに増したという。

2019.8　ブータン訪問

●6月、修学旅行が新型コロナウイルスの感染拡大で中止に。代わりに行われた3日連続の校外学習では、水上バスに乗船し、東京湾から五輪関連施設などを見学したという。
●9月6日、15歳の誕生日。
●11月4日、紀子さまの父・川嶋辰彦さんが亡くなる。81歳だった。10月19日に緊急入院し、悠仁さまもたびたび、お見舞いに訪れていたという。11月6日、家族葬が執り行われた。

16歳＝２０２２年（令和4年）

●2月16日、宮内庁は、悠仁さまが筑波大学附属高等学校（東京都文京区）の入学試験に合格した、と発表した。筑波大学と、お茶の水女子大学が結ぶ「提携校進学制度」を利用したもので、2月13日には選考の一部である5教科の学力考査を受けた。成績優秀者による推薦入試の一つという。
●2月16日、宮内庁は２０２１年の「第12回子どもノンフィクション文学賞」で佳作となった悠仁さまの作品について、「参考文献の記載に不十分な点があった」と発表した。参考文献として記されていない文献に酷似する箇所があるとの雑誌関係者からの指摘を受けて、悠仁さま自身が確認。記載が不十分とわかったという。
●3月17日、お茶の水女子大学附属中学校を卒業。卒業文集には『開・啓・拓（ひらく）の思い出』という各学年の目標で用いられた漢字で印象深いことを振り返る文章を寄せた。
●4月9日、筑波大学附属高等学校に入学。「学業に励みながら、興味を持っていることや、関心を持っていることをさらに深めていきたいと思います。諸行事などの学校生活も楽しんでいきたいと思います」と抱負を。高校ではバドミントン部に入部。
●7月下旬、筑波大学附属高等学校1年生とともに、長野でのクラス合宿「蓼科（たてしな）生活」に参加。
●7月31日、秋篠宮ご夫妻と悠仁さまは、都内で開かれた「第46回全国高等学校総合文化祭東京大会（とうきょう総文２０２２）」の総合開会式に出席。8月2日からは各会場を3日間にわたって訪ねた。
●9月6日、16歳の誕生日。

●10月1日、三重県伊勢市の神宮を参拝。私的な訪問。
●11月、秋篠宮邸の改修工事が完了し、仮住まいしていた仮寓所からの引っ越しを開始。1972年完成の旧秩父宮邸を宮邸として利用してきたが、改修後は私室と事務室を合わせて、これまでの1・9倍の広さ（2972平方メートル）となった。総費用は30億2000万円とされる。

17歳＝2023年（令和5年）

●4月4日、秋篠宮ご夫妻、悠仁さまは、熊本県球磨郡五木村や、宮崎県東臼杵郡椎葉村を2泊3日の日程で旅行した。五木村では築100年超の古民家民宿に宿泊し、椎葉村では焼き畑農業に携わる人々の話に耳を傾けたという。悠仁さまの春休みを利用しての私的な旅だった。
●4月、高校2年生に。筑波大学附属高等学校は6クラスに分かれるが、3年間、クラス替えがない。
●7月31日、初めての地方公務に。秋篠宮さまと悠仁さまは鹿児島県内で開催中だった「第47回全国高等学校総合文化祭鹿児島大会（2023かごしま総文）」の会場を訪ねた。

2022.4　筑波大学附属高等学校入学

●8月30日、宮内庁は令和6年9月に18歳になる悠仁さまの成年式（令和7年の予定）の際、天皇陛下から授けられる冠の製作費用として、2578000円を概算要求した。

●9月6日、17歳の誕生日。

●9月9〜10日、筑波大学附属高等学校の文化祭「桐陰祭」では合唱を披露。秋篠宮ご夫妻らが見守る前で、アニメ映画『君の名は。』の劇中歌『なんでもないや』をテノールのパートで熱唱、と伝えられた。たこ焼き、ベビーカステラなどを召し上がる姿も目撃された。

●9月14日、宮内庁は、悠仁さまが新型コロナウイルスに感染したことが確認されたと公表。秋篠宮ご夫妻はPCR検査の結果、陰性が確認された。

●11月20〜24日、悠仁さまは高校の修学旅行で沖縄県を4泊5日で訪問。沖縄県平和祈念資料館や、世界遺産の今帰仁城跡などにも出かけた。7歳のとき、秋篠宮ご夫妻と訪ねて以来の沖縄旅行だった。

●11月22日発行の、「国立科学博物館研究報告A類（動物学）」に、悠仁さまが2人の研究者らとともに手がけた論文『赤坂御用地のトンボ相——多様な環境と人の手による維持管理』が掲載された。悠仁さまは筆頭執筆者で、論文は25ページ。2012年から2022年まで、住まいのある赤坂御用地内に生息するトンボ類のモニタリング調査を行い、8科38種を確認した。

18歳＝2024年（令和6年）

●4月、高校3年生に。バドミントン部では、「6月上旬の団体戦で1回戦敗退」とのこと。

●7月31日、悠仁さま、二度目の地方公務として岐阜県で開催の「第48回全国高等学校総合文化祭岐阜大会（清流の国ぎふ総文2024）」開会式などに参加。

●9月6日、18歳の誕生日。成年。高校3年在学中でもあり、成年を迎える行事の実施は、2025年春以降。

●9月7〜8日の両日は、筑波大学附属高等学校の文化祭「桐陰祭」が行われた。高校3年のクラスメートとともに、クラスのブースではピザを手作りする姿も見られた。悠仁さまが着ていたTシャツの背中には、数字で

「1310」の番号が。数字は「ヒサヒト」の意味らしい。

●12月11日、宮内庁は悠仁さまが筑波大学（茨城県つくば市）生命環境学群生物学類に合格したことを公表。学校推薦型選抜の入学試験を受けたもの。悠仁さまは、多くの受験生が受験に向けて努力を続けている時期でもあり、当初は発表を控えたいとの気持ちであったことも紹介された。

19歳＝2025年（令和7年）

●2月、普通自動車の運転免許試験に合格。

●3月3日、成年にあたって初めての記者会見。

●3月、筑波大学附属高等学校を卒業。

●4月、筑波大学入学。専門は生命環境学群生物学類で、悠仁さまの関心の強い分野の研究への第一歩を踏み出した。

2024.9　18歳誕生日の折

●皇室の構成

- 昭和天皇《しょうわてんのう》 ＝ 香淳皇后《こうじゅんこうごう》
- 秩父宮《ちちぶのみや》 雍仁親王《やすひとしんのう》 ＝ 同妃《どうひ》 勢津子《せつこ》

（昭和天皇・香淳皇后の子）

- 上皇陛下《じょうこうへいか》（明仁《あきひと》＝91歳） ＝ 上皇后陛下《じょうこうごうへいか》（美智子《みちこ》＝90歳）
- 常陸宮《ひたちのみや》 正仁親王殿下《まさひとしんのうでんか》（89歳）※第3位 ＝ 同妃《どうひ》 華子殿下《はなこでんか》（84歳）

（上皇陛下・上皇后陛下の子）

- 天皇陛下《てんのうへいか》（徳仁《なるひと》＝65歳） ＝ 皇后陛下《こうごうへいか》（雅子《まさこ》＝61歳）
  - 敬宮《としのみや》 愛子内親王殿下《あいこないしんのうでんか》（23歳）
- 秋篠宮皇嗣殿下《あきしののみやこうしでんか》（文仁《ふみひと》＝59歳）※第1位 ＝ 同妃《どうひ》 紀子殿下《きこでんか》（58歳）
  - 小室眞子さん
  - 佳子内親王殿下《かこないしんのうでんか》（30歳）
  - 悠仁親王殿下《ひさひとしんのうでんか》（18歳）※第2位
- 黒田清子さん

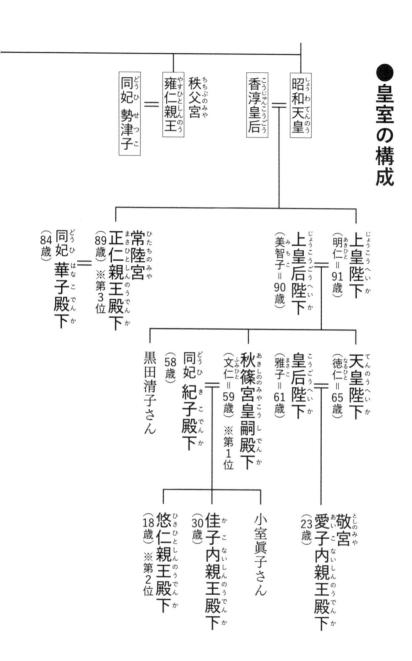

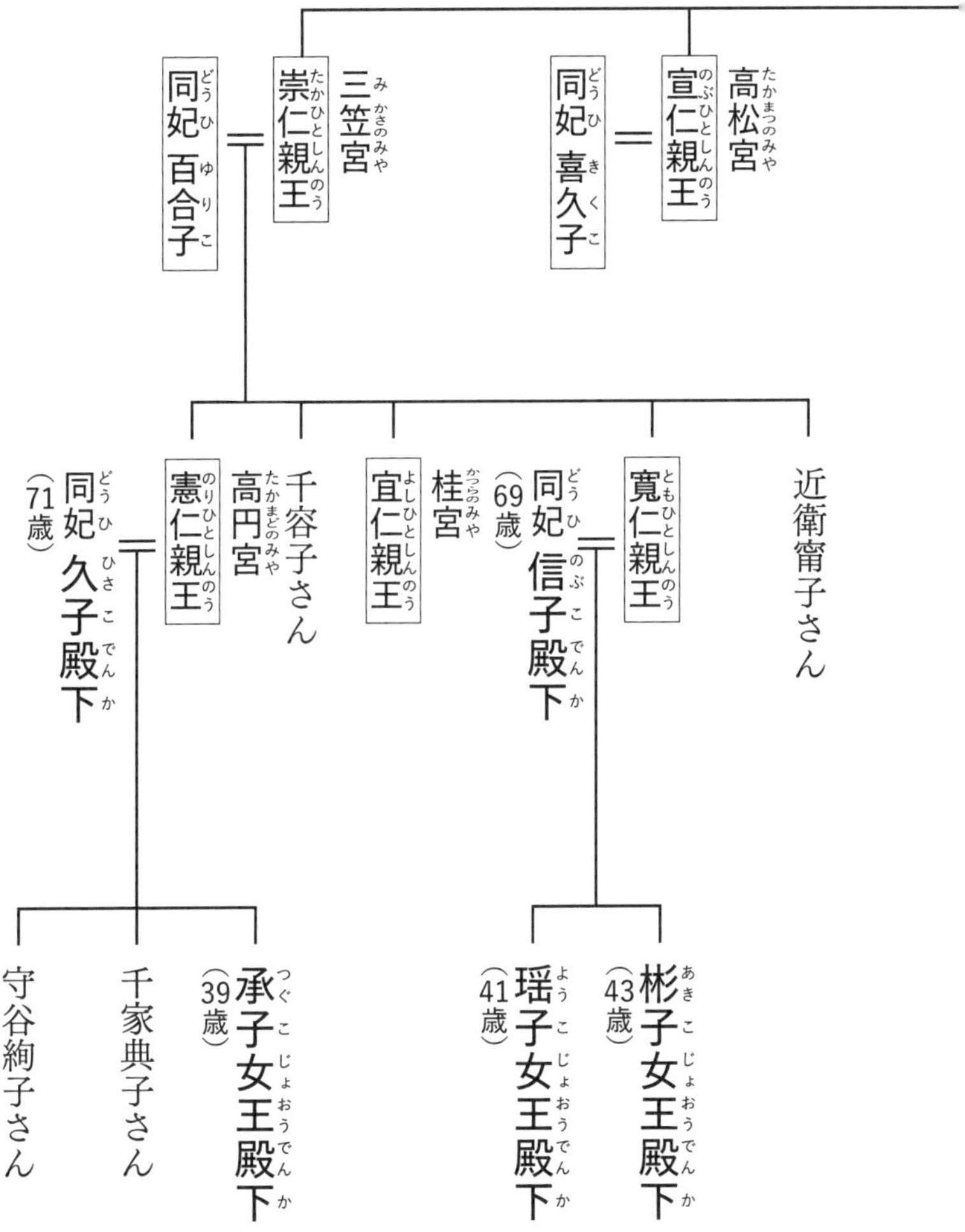

・□枠囲みは崩御《ほうぎょ》、薨去《こうきょ》された方です。
・年齢は 2025 年 4 月 1 日現在のものです。
・結婚により、皇族の身分を離れた方は細字で示しています。
・編集部作成。※は皇位継承順位を示したものです。

著者紹介

江森《えもり》 敬治《けいじ》

ジャーナリスト。1956年生まれ。早稲田大学卒業後、1980年、毎日新聞社に入社。京都支局、東京本社社会部宮内庁担当記者、編集委員などを経て、2022年3月末、退社した。秋篠宮さまとは長年の個人的な親交があり、著書『秋篠宮』(小学館、2022年)が話題となった。このほかに、『秋篠宮さま』(毎日新聞社、1998年)、『天皇交代　平成皇室8つの秘話』(共著、講談社、2018年)などがある。

悠仁《ひさひと》さま

2025年4月1日　第1刷発行

著者　江森《えもり》 敬治《けいじ》
発行者　出樋一親／篠木和久
編集発行　株式会社講談社ビーシー
〒112-0013 東京都文京区音羽1-18-10
電話　03-3943-6559（書籍出版部）
発売発行　株式会社講談社
〒112-8001 東京都文京区音羽2-12-21
電話 03-5395-5817（販売）／03-5395-3615（業務）
印刷所　株式会社KPSプロダクツ
製本所　牧製本印刷株式会社

装丁本文デザイン　坂井正規（坂井デザイン事務所）
カバー写真　宮内庁提供
本文写真　宮内庁提供、JMPA（日本雑誌協会代表撮影）
本文DTP　ニシ工芸株式会社
校閲　ケイズオフィス
編集　坂本貴志、沢田 浩（講談社ビーシー）

ISBN 978-4-06-537989-9

定価はカバーに表示してあります。